给孩子的经济学通识课①

钱夹子王国

[波兰]格雷格什·卡斯戴普开 著 [波兰]丹尼尔·德·拉图尔 绘 张艳阳 译

中信出版集团 | 北京

图书在版编目（CIP）数据

钱夹子王国：给孩子的经济学通识课. 1 /（波）格雷格什·卡斯戴普开著；（波）丹尼尔·德·拉图尔绘；张艳阳译. -- 北京：中信出版社，2022.10（2025.7重印）
ISBN 978-7-5217-4486-6

Ⅰ. ①钱… Ⅱ. ①格… ②丹… ③张… Ⅲ. ①经济学—儿童读物 Ⅳ. ① F0-49

中国版本图书馆CIP数据核字（2022）第114503号

钱夹子王国：给孩子的经济学通识课①

著　　者：[波兰] 格雷格什·卡斯戴普开
绘　　者：[波兰] 丹尼尔·德·拉图尔
译　　者：张艳阳
出版发行：中信出版集团股份有限公司
（北京市朝阳区东三环北路 27 号嘉铭中心　邮编　100020）
承 印 者：北京中科印刷有限公司

开　　本：889mm × 1194mm　1/20　　印　　张：12　　字　　数：220 千字
版　　次：2022 年 10 月第 1 版　　印　　次：2025 年 7 月第 5 次印刷
京权图字：01-2022-3213
书　　号：ISBN 978-7-5217-4486-6
定　　价：79.00 元（全两册）

第一部分
妙妙动物园

角色简介

雷肖先生

门卫

售票员

实习生

以及所有奇怪的家伙们！

第一部分
妙妙动物园

在大家的印象里，雷肖先生总是仪表堂堂、衣冠楚楚的，谁能想得到，这个扛着大袋子的就是他呢。他被袋子压弯了腰，大口喘着粗气，一步一步挪向自己临时搭的那排木栅栏。

“要不我帮您吧？”身材滚圆、快谢顶了的圆圆先生关切地问。

“那太谢谢了……”雷肖先生喘着说。

他俩抓起大袋子，不到半分钟就把它扔进了栅栏。

“呼……”雷肖先生松了一口气，捋了捋翘起来的头发。

“呼……”圆圆先生也跟着松了口气。他擦了擦额头上的汗，好奇地看着那个鼓鼓囊囊的袋子。“这装的是沙子吗？猫砂？”

“秘制饲料，”雷肖先生回答道，“里头掺了钱、好点子和勤劳。”

“用这玩意儿喂动物?！”

“喂投资啦。”

圆圆先生瞥了他一眼，觉得他疯了。雷肖先生翻过栅栏，然后扯开了袋子。随即一个小家伙跳了过来，像是一头小鹿。它先在雷肖先生身上蹭了一会儿，然后就开始吃东西。

“这就是你说的投资啊？”圆圆先生问他。

“没错，但你看，它还没长大呢……”雷肖先生拍了拍它的背，“现在只是个小崽崽，但胃口可不小。嚯！小家伙放开了吃吧，长大个儿。”

“长大了之后呢？”圆圆先生认真地问。

“等它长大了呀，这里就会变成一座奇妙的经济动物园！”雷肖先生指着栅栏围起来的园子，兴奋地说，“会是那种独一无二的动物园！”

“嗯，那您‘啸水’……”圆圆先生说。

“浇水，”雷肖先生纠正他，“嗯，我来浇水和喂饲料！”

投资 如果想让一些事情变得更好，我们就会投资。翻修浴室，学习外语，甜品店购置甜甜圈机，这些都是投资。投资可能成功，也可能失败。但为了自己的发展，为了过更好的日子，投资还是有必要的。如果过段时间还能再赚回来，那么花些钱也值了。

难过，难过死啦

雷肖先生说得没错——投资越长越大，园子也越来越像动物园了。木栅栏升级成了砖围墙，围场和围墙之间辟出了一条小路，旁边建了办公区，入口也装上了大门。售票处上面挂着霓虹灯招牌，招牌上写着“妙妙动物园”几个大字。难以置信吧，不久前这里还是一片荒草地呢。

圆圆先生每天都来这里溜达，看看雷肖先生的进展，点评几句，再给些建议，有时也挺烦人，不过雷肖先生很喜欢他。这天，园子里建了一座神秘的房子，还没装窗户的时候，雷肖先生让圆圆先生进到里面看看。十几分钟后，圆圆先生走了出来。

“怎么样？”雷肖先生问。

“难过……”

“难过？”

“唉，没救了。”

哥儿俩沉默了一会儿。最后雷肖先生点了点头。

“是啊，是啊……”他叹了口气，“这就是我们的第二个动物——失业。”

想到刚刚看见的那个动物，圆圆先生不禁打了个寒战。

“对了，我想问你一件事……”雷肖先生捋了捋头发，不好意思地小声嘟囔，“你每天都来这里……在园子里待了这么久……我想……或许你是在找工作吗？”

“什么？”圆圆先生竖起了耳朵。

“我缺个门卫……”

“是要穿制服吗?”

“是呀。”

“那就交给我吧！”圆圆先生跳了起来，“失业再见吧！从现在起，我就是‘门卫先生’了！”

失业　能工作，也想工作，但就是找不到工作的状态。“失业”这个词就是指“失去职业”。对于小孩子来说，工作（打扫房间、做作业或背单词）不如玩耍。这并不稀奇，因为孩子们的“工作”赚不到钱，顶多能得到表扬或好成绩。成年人想工作一般是出于两种原因：为了挣钱或者为了让自己感到满足和快乐。如果没有工作，那么两者都无法实现。这是非常非常郁闷的事！那么如何才能避免失业呢？可以找一份一直被社会需要的工作，或者多学几项技能，比如糖果师失业了，也可以学做面包师嘛！

眼镜

开始招聘售票员了，雷肖先生才反应过来——得招个瘦点儿的人。售票处的空间不够宽敞，简直小得离谱。雷肖先生很费劲才能挤进去，而门卫先生更不行了，肚子刚进去一半就会被卡住。所以发布招聘公告的时候，雷肖先生要求应聘者们都把体重写清楚。之后他选了其中一个最瘦的，就这样招到了园区的新员工。新员工简直瘦得像根竹竿，还是一个戴着眼镜的竹竿。

“咱们先培训吧，”雷肖先生说，“这几个是门票的价格，您以后工作就得靠它们啦。”

售票员点了点头。价格们坐在杆子上喘息着。

雷肖先生接着说：“这是最低价，我觉得吧——”

“抱歉，”售票员紧张地插了句，“我看不太清。”他摘下眼镜擦了擦，又戴上，然后转了转眼睛。“还是看不见呀！”他无奈地摊摊手，“可能眼镜该换了。”

“不，不，它确实超级小。”雷肖先生把最低价摆在杆子上，清了清嗓子，“我觉得咱们用不上它……不过有个价格您肯定看得清，甚至不戴眼镜都可以。”

果然，接下来的这个价格超级大，大到雷肖先生几乎搬不动。

雷肖先生说：“这是最高价，要是真有人想付这么高的票价，那可真是谢谢他咯……”

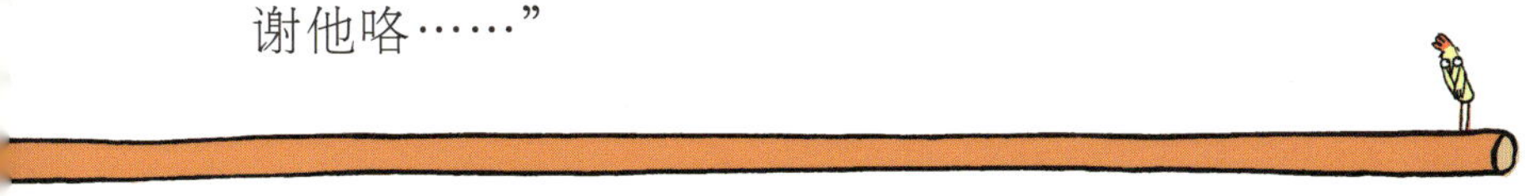

他把最高价抱上杆子，松了一口气，擦了擦额头上的汗。

“我们还有固定价格，”说罢，他伸手拿起了下一个，“您听听？”他随即用固定价格敲向了暖气片。

“我能试试吗？”售票员轻轻地拿起这个可怜的小家伙，在桌面上敲了一下，“嚯，还真挺硬[1]的……”

“那可不嘛，”雷肖先生接过固定价格，把它放好，然后又捋了捋额前的头发，“培训到这里就结束啦。”

“这么快？”售票员很惊讶。

“您以为呢？”

“我以为会有专业的指导……”

“别傻了，”雷肖先生说，“咱们先干活吧，专业的见解我就指望您啦！”

---

1 波兰语中“固定”和“硬”是同一个词。——译者注

价格 “多少钱呀？”这句话我们都听过，比如顾客问：“一个冰激凌球多少钱呀？”卖家回答：“四元钱。”这就是价格，它告诉我们要花多少钱。如果价格太高，高到都没人想进店，老板就会关店或降价。只有让顾客和卖家都觉得值，才能算是好价格。

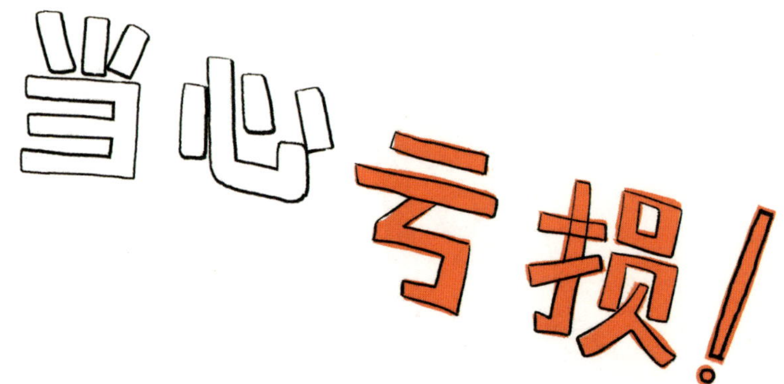

当心亏损！

雷肖先生的几绺头发翘到了右边，他正把头发往左梳的时候，突然传来了一阵猛烈的敲门声。打开门一看，门卫正火急火燎地站在那儿。

“他们……他们运来了……”门卫说着说着就哭了起来。

“他们运来了什么？”雷肖先生很是疑惑。

“挺奇怪的东西。”

哥儿俩彼此之间太熟悉了，这种时候不用废太多话。于是雷肖先生默默穿上白大褂，锁上门，跟着气喘吁吁的门卫直奔园区。

园子门口停着一辆货车。车上蒙着一块防水布，上面写着“怪物货运”。

司机面无表情地坐在驾驶室里，伴着身后烦人的尖叫声和邪恶的笑声，时不时就哆嗦一下。

“在笼子里还是在箱子里？”雷肖先生严肃地问。

“笼子里。”司机没好气地说。

“行，”雷肖先生伸手去拿货运记录，“那您把车厢打开吧。”

门卫以防万一后退了几步，但最终好奇心战胜了恐惧。确定没有危险后，他踮起脚尖，望向铁栏杆后面的动物。

“它怎么……有残疾啊？”雷肖先生疑惑地问。

“来的时候就这样了！”司机急得捶胸顿足，“可能在仓库里受伤了吧！”

“是啊是啊，也可能它自找的？”门卫鄙夷地看着司机。

眼看两个人就要吵起来了，还好雷肖先生及时用手势让他俩闭了嘴。随后门卫跟着雷肖先生跳上了车，他们凑近瞄了里面几眼。

“它能活下来吗？”门卫问。

“能活，能活。”雷肖先生安慰道，“这只真漂亮，品相绝好。”

“但它明显有残疾啊！”

“那就对了呀，”雷肖先生傻笑着说，“真正的亏损就是这样的。”

亏损 货卖出去不少，收银机里的钱却少了。也许收银员不小心找零找多了？或者迷迷糊糊地把钱放在了别的地方？没在他口袋里就行（否则这就有偷东西的嫌疑了）！仓库里的亏损也是如此——本该有的货物却不见了！唉，仓库管理员有时也犯迷糊，有些人还不守规矩……

挠挠
挠挠

小瘦子

这几天，雷肖先生在手术室从早忙到晚。他穿着白大褂，给妙妙动物园的动物看病，检查、称重、测体温，一个步骤都不马虎，有的甚至还要洗胃。

咚咚！“请进！”听到有人敲门，雷肖先生喊道。

门把手转动了一下，只见门卫探进了头。“我能进来吗？”他问道。

“当然，当然，快请进……”雷肖先生捋了捋翘起的头发。

门卫走了进来，后边跟着一群小瘦子，个个没精打采。

“你能给它们查查吗？”门卫问道。

“有什么问题吗？”

“你瞅瞅它们，这也太瘦了吧……”

雷肖先生仔细看了看这些小瘦子，然后蹲下来挨个检查。它们确实骨瘦如柴，但没查出什么病。

一小时后，售票员也来敲门了，同样带了一群小瘦子。雷肖先生听诊了所有小

啊
哎呀
哎哟喂
哎哟哎哟哎哟喂

瘦子，看了看它们喉咙的情况，然后说一切正常，让售票员放心。

“可既然它们这么健康，为什么这么小呢？”售票员焦急地问。

“一分耕耘，一分收获嘛，你懂的。”雷肖先生无奈地摊了摊手。

“可门卫的比我的大多了！”售票员急得直喘粗气。

“人家干得也多呀。”

“身边跟着这么一群小瘦子，太丢脸啦！”

“哪儿有那么夸张呀，”雷肖先生小声说，“而且它们还在长身体呢……你得好好照顾它们，给它们补充点儿维生素什么的……”

售票员耸了耸肩，出去了。雷肖先生擦掉脑门上的汗，之后看了一眼手表。天色已晚，妻子应该在等他回家吃饭了。

“走吧，我的小胖子们！”一群圆滚滚的小家伙应声跟了过来，然后雷肖先生带着它们出发回家了。

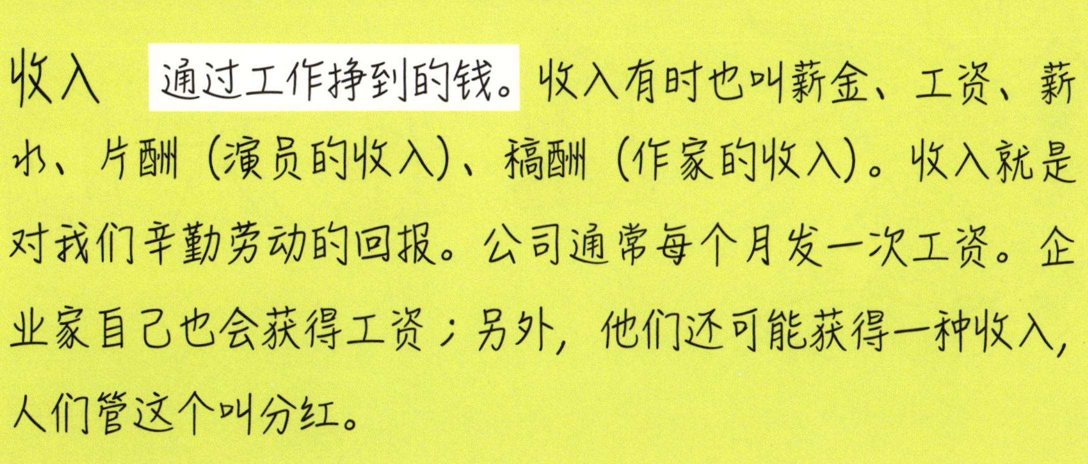

收入 通过工作挣到的钱。收入有时也叫薪金、工资、薪水、片酬（演员的收入）、稿酬（作家的收入）。收入就是对我们辛勤劳动的回报。公司通常每个月发一次工资。企业家自己也会获得工资；另外，他们还可能获得一种收入，人们管这个叫分红。

血盆大口

“救命啊！”白杨树顶上传来了门卫凄惨的叫声。

一只恶狠狠的动物正在底下扒着树干，像是德国牧羊犬，又像是鲨鱼。

它全身的毛发都支棱着，无情地露出尖牙，充血的双眼里写满了饥饿。雷肖先生小心翼翼地向前挪动，一步一步，努力不发出任何声响。越来越近了，他撑开了一张网，准备扔向那只嗷嗷叫的动物。突然，他踩到了一根树枝，伴随着清脆的断裂声，那只动物警觉地扭过了头。

“你把它带走吧！”门卫喊道。

“正有此意。”雷肖先生回答说，目不转睛地盯着那只动物。

“是谁把笼子打开了啊？”

“是我……”门卫含泪承认。

“为什么啊?”

“我以为放它出去能清净点儿……”

“还想清净……”雷肖先生嘟囔着，一步步走近它，“这可是税收啊。”

几乎在税收向前扑的同一时刻，雷肖先生把网扔了出去，被罩住的税收疯狂地在网子里挣扎。门卫吓得紧闭双眼，过了一会儿，他缓缓睁开眼睛向下看，只见税收已经被五花大绑，而雷肖先生正悠闲地站在旁边，对着镜子打理头发。

“我现在能下去了吗？”门卫颤抖着问道。

“那你能保证离税收远点儿吗？”

“应该是让它离我远点儿吧！”门卫被气得喘了起来，“干吗要养这种东西啊?”

“你冷静点儿，它的用处可大了，”雷肖先生回答说，拍了拍税收的头，“但必须好好训练它，否则，你自己也看到了……后果不堪设想！”

税收
国家依法通过征税取得的财政收入，用来建学校、建运动场、修路等。每个纳税人都应如实纳税。如果不交税，就会面临罚款等处罚，这可不是什么好事哟。

当心高处的胖子

妙妙动物园从睡梦中醒来。动物们打着哈欠，望着护城河对岸匆匆的行人。第一个人，门卫先生，圆滚滚的，满头大汗——他很害怕它们，它们也很喜欢吓唬他。第二个人，雷肖先生（高个子，额前的短发又翘了起来），它们很喜欢他。他照看它们，养育它们，心情好的时候还给它们挠痒痒。远方反复响起烦人的吱吱声，却没有人注意到。终于，动物园的围墙边长起了一座金字塔，他们这才急急忙忙地喘着气，向那边跑去。

“什么时候开始长的？”雷肖先生问道。

“可能是一个星期前吧……”门卫也很纳闷。

“那为什么我到今天才知道?！”

“谁能想到它长得这么快啊。”门卫带着哭腔喊道。

雷肖先生不爽地看着他，难听的话就在嘴边，但门卫突然从小路边绕开，躲在了树篱后面。雷肖先生一言不发地跟着他。

过了一会儿，门卫被雷肖先生吓了一大跳。

“我跟你说了它挺大的……”门卫嘀咕道。

“挺大？这可是洪水猛兽了啊！”

“我觉得它不会长得那么快了……”门卫自信地看着金字塔。

顶上的家伙胖得吓人，显然对自己很满意。它坐在三个大腹便便的家伙背上。那三个家伙又压住了九个胖子，九个胖子压着二十七个胖子，再往下又压着八十多个胖子。每往下一层怪物的数量都更多，但每个怪物却越来越瘦。最底层的小可怜们瞪大了眼睛，努力绷直颤抖的小细腿。但它们还要继续告诉不明真相的人，这非常好玩。只要拉拢了足够数量的受骗者，它们就能跳到受骗者的背上——金字塔就会越聚越大，也摇晃得越来越厉害。

门卫试探地瞥了雷肖先生一眼。

“怎么了？”他问道。

“你怎么可以让这种事情发生啊?!”雷肖先生喊道。

“我以为它们只是闹着玩的。”门卫涨红了脸。

“闹着玩，”雷肖先生被气笑了，“那我来告诉它们什么叫闹着玩吧！咱们从最底

层的瘦子们下手。这样吧，我从金字塔的边缘干掉最弱的几个，金字塔一倒，你就负责把顶上的几个家伙抓住，别让它们跑了，明白了吗？”

“明白，先生！”门卫恭恭敬敬地喊道。

雷肖先生走到大汗淋漓的小可怜面前，弯下腰，攥住了它瘦弱的小腿。

“奇阿普斯[1]！”小可怜悲哀地抗议。

“出来吧你！”雷肖先生回应道。

他用尽全力把小可怜拽了出来。

1　古埃及第四王朝的第二位法老胡夫的希腊名，他为自己修建的金字塔是所有古埃及金字塔中最大的。

传销 看着有点儿像真的金字塔，但只是我们画出来便于理解的。大家想想看，最顶端的是金字塔的组织者，他说自己有个赚钱的好法子，如果有人想跟他一起赚钱，只需向他支付参与费（也就是参与建造金字塔——想想这工程挺吓人的，他应该不会这么说）。组织者会说："其实呢，这不是付费，而是投资，也可以理解成贷款。开始赚钱了就能回本，而且还会有利息！"第一拨相信他的人，就是位于组织者下面那层的人。现在他们必须说服其他人参与进来。他们忽悠每一个新人，收取参与这项"大买卖"的费用并分给组织者。忽悠的人越多，赚的钱就越多。但到了一定的时间，就没人愿意加入了，这时处于底层的人可能已经付了钱，却没人付给他们钱了。[1]

1 在我国，国务院于1998年4月决定禁止传销经营活动，将传销列为非法行为；又于2005年8月颁布《禁止传销条例》（同年11月1日起施行）。——编者注

“今天怎么这么安静啊？”雷肖先生走进园子，很是纳闷。

周围确实静得出奇，一反往日的常态。耳边没有了动物们乱七八糟的吵闹声，只有轻轻的风儿吹过。

门卫说：“昨天晚上，棚子里蹦出来了一只奇怪的东西，还对所有动物呼来喝去的。”

一听这话，雷肖先生慌了，顾不上杂乱的头发，便急匆匆地往前跑去。跑场空空如也，笼子里的动物们也不见了，周围一片死寂。终于，雷肖先生发现，园区深处隐约有一点儿动静，命令也是从那里传出来的。他蹑手蹑脚地走上前，随即瞪大了眼睛：所有的动物都立正站好，而它们对面的正是……

“对呀！”雷肖先生拍了拍脑门，“法律啊！它不就是喜欢管别人嘛！”雷肖先生笑着点了点头，便悄悄地转身回去了。雷肖先生松了口气，心想自己终于可以休息一阵子了。法律会赶着所有动物跑操拉练。而他，雷肖先生呢，就捋捋头发吧。

法律 过马路要走人行横道；大多数国家的汽车靠右行驶（但英国靠左哟！）；在城镇开车有限速。上述这些内容都来自法律。在欧洲某些国家，这些是由选民投票选出的众议员和参议员商定的。众议员和参议员当选后，就能参与修订法律或制定新的法律啦。比如禁止吃冰激凌？怎么可能呢！放心，但凡有理智，就不会这么做。

痒痒的，热热的

只一眼，雷肖先生就看出了门卫的不对劲：他满脸通红，满头大汗，在椅子上扭来扭去，紧张地瞄着园区入口。

“出什么事了？”雷肖先生走到门岗亭前。

“有点儿痒啊……”门卫挠了挠耳朵。

“一直都这样？”

“倒也不是，偶尔才痒痒的、热热的。”门卫又挠了挠另一只耳朵。

“什么时候会痒痒的、热热的啊？”

“等我妻子的时候。”门卫叹了口气，擦了擦额头上的汗，“她马上就要来了，给我送午饭。”

雷肖先生皱起了眉头，意识到了什么……

“我能看看吗？”他问道。

还没等门卫回答，雷肖先生就冲了进去，一把抓住门卫的耳朵拖到窗前，然后仔细查看他的头皮和脖子（还想查看别的地方，但门卫尖叫着跑开了）。

“我就知道！”雷肖先生跳出了亭子，喊道，“是私房钱！”

“什么私房钱啊？”门卫呻吟道。

“是啊，什么私房钱啊？”门卫的妻子应声吼道，她的到来对门卫来说简直是晴天霹雳。

“就是偷偷藏起来的小钱。”雷肖先生本能地解释道。

“用来找点儿乐子或者以防不测……”他又多嘴了一句。

对于门卫来说，“不测”已然来临。妻子肯定要把他的头发洗得干干净净——根除私房钱的问题。

私房钱　为某些消遣或预防紧急事件而攒下来的小钱，一般会瞒着别人。为什么叫它“私房钱”呢？可能是因为有的人想把钱藏在只有自己知道的地方，比如糖罐里面！

70%
3%

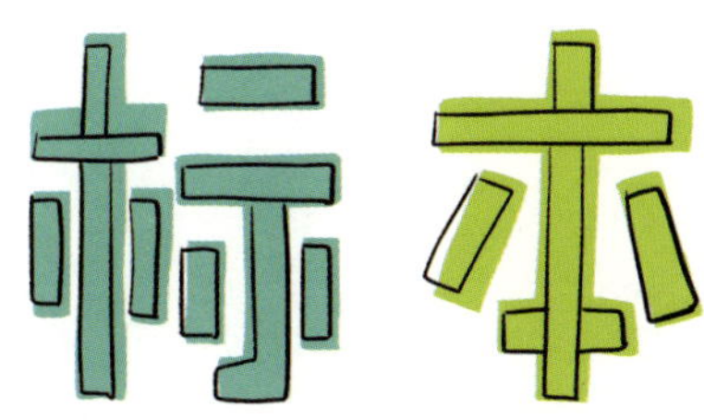

标本

打开实验室的门之前，雷肖先生警告说：“这些不是什么好看的东西，有的标本可吓人了。”

老师们揪着心彼此对视了几眼，但孩子们似乎很期待那些可怕的东西。可能在他们眼里，没有比数学课更吓人的了，也可能打游戏的时候见的怪物太多，胆子变大了。究竟如何，我们不得而知。不过雷肖先生发现，接待过的这么多人里，很多成年人都比学生更胆小。他叹了口气，打开门，摁亮了灯。

所有人都挤进了实验室，雷肖先生介绍说：“这些罐子里呢，装的是一些活不下去的利润，有的……”

“这里面是什么液体呀？”一个胖男孩问道。

“福尔马林。有的……”

“这个怎么这么小啊？”一个扎辫子的女孩插嘴道。

“问得好，”雷肖先生叹了口气，“你要是不插嘴，我就给你解释。”

“这个小，是因为那个大。”胖男孩说，“大的把所有东西都吃了，小的就饿死了！”

“安静点儿！”一位老师喊道。

雷肖先生心中默念了十个数，拨了拨头发，然后再次挤出了笑容。

雷肖先生说：“这个利润确实太大，没人愿意购买添加了它的产品，然后……”雷肖先生无奈地摊开双手。

“就死在罐子里了。”扎着小辫子的女孩小声说道，然后咯咯地笑了。

“而那个很小，实在太小了，”雷肖先生无视她，继续说，“赚不到足够的利润，然后……”

“也死在罐子里了。”女孩又咯咯笑了起来。

“卖这些标本的商人呢，也在这里吗？”胖男孩好奇地四处张望。

“他命好，没在，况且我们也没有那么大的罐子呀。”雷肖先生回答。

利润　如果去商店里花 2 元钱买一瓶柠檬水，再以 5 元钱的价格在海滩上卖掉，那利润就是 3 元钱。如果自己做柠檬水，可能比店里更便宜，赚得也会更多，但要记得算上购买柠檬、糖、水和瓶子等的成本，还有用掉的时间哟！

变，变，变！

“是什么东西到啦？”雷肖先生小声念叨着，拆开了刚刚收到的包裹。但里面什么都没有。

倒是周围……

“创新！”雷肖先生疯狂挠头，“这下可要天翻地覆了！”

果然，还没等雷肖先生看见创新在哪儿，它就已经改变了办公桌的布置、墙面的颜色、文件的排列，甚至把雷肖先生的发型都换了——头发也不翘了，而是被油腻腻的东西糊在了脑门上。

“别别别！大哥！”雷肖先生咆哮道，“咱不急，不急！”

说着雷肖先生就把创新推回了箱子里。

创新 改善生活的新想法。灯泡是100多年前发明的。约200年前，世界上出现了第一辆蒸汽机车。大家一定印象很深吧！几十年前，第一封电子邮件发送成功，智能手机和平板电脑问世。这些都是创新。药物也是，比如研发出预防危险病毒的疫苗。还有密封包装，有了它，食物就不会那么快变质！我很好奇，你们到时候会有什么奇思妙想呢……

园子越来越大，雷肖先生开始招架不住了。他不停地从一个笼子跑到另一个笼子，从一个围场跑到另一个围场；有时要带领学生参观，有时还会被叫到外地……最后，他几乎没时间休息，不仅家庭受到了影响，发型也乱了，所以他决定招一名新员工。

新来的实习生长了一张娃娃脸，根本不像大学毕业生。

“你先负责实验室吧，”雷肖先生对实习生说，“我们在这里养了各种……你自己看看吧，没什么难的。”

但事实证明，实验室的工作并不容易。

“那里起泡了……”实习生吓得结结巴巴，沿着园区小路追上了雷肖先生。

还真是，一些试管的底部在冒泡，而且相当剧烈。雷肖先生满意地搓了搓手。

“百分比，”他向受惊的实习生解释，“真好，长势很旺。这是增长的百分比……”他俯身看了看绿色的泡沫，“你应该知道，比如把钱存在银行里，这些钱就会越来越多……”

“那这个呢？”实习生伸手去拿那支装有黄色泡沫的试管。

“小心！”雷肖先生喊道，“那是债务的百分比！有毒！快放下！”

实习生瞬间吓得脸色煞白，把试管放回原处。她当初没有意识到，这里的工作可能很危险！

百分比　%，这个符号你一定见过很多次。它叫百分号，在经济学中经常出现。有些人说，他们百分之百会做某件事。百分之百意味着肯定。有人吹牛说，工资比以前的工作高出50%，意思是说，以前的工资，再加上以前工资的一半，就是他现在赚的钱。那么两倍的工资怎么用百分比来表示呢？没错，是200%！100%表示全部，50%是一半，25%是四分之一。

雷肖先生若有所思地从窗边走开，嘴里发出嗞嗞声，手指摸了摸嘴唇，然后向刚刚经过的门卫打了个手势。

“你想来看看吗？”他悄声说。

“谁啊，实习生吗？”门卫眼睛一闪。他走近，往里面瞧了瞧，却立即厌恶地走开了。

“这是什么啊？”他问道。

“GDP。”雷肖先生回答，“国内生产总值。”

“真的吗？”门卫震惊，“它以前可没这么亮。”

“可不是嘛！”雷肖先生高兴地拨着头发，“这多好呀，不是吗？”

“呃……”门卫耸了耸肩，走了。

GDP GDP是英文Gross Domestic Product的首字母缩写，也就是国内生产总值。还是一知半解，对吧？比如波兰，2018年，波兰的国内生产总值约为5 857亿美元。为什么要以美元计算呢？这是为了便于与美国的GDP进行比较。美国2018年的GDP约为20.5万亿美元！所以美国的GDP要比波兰高太多了。为了公平起见，要看全国人均GDP有多少……2018年，波兰人口约3 800万，而美国人口超过3.27亿。我们用波兰的GDP除以波兰总人口数，美国的GDP除以美国总人口数，就可以得出结论：2018年波兰人均GDP约为1.5万美元，而美国人均GDP约是6.3万美元。嗯，看来波兰的经济比不上美国，尽管许多年来，波兰已经挺富裕啦！

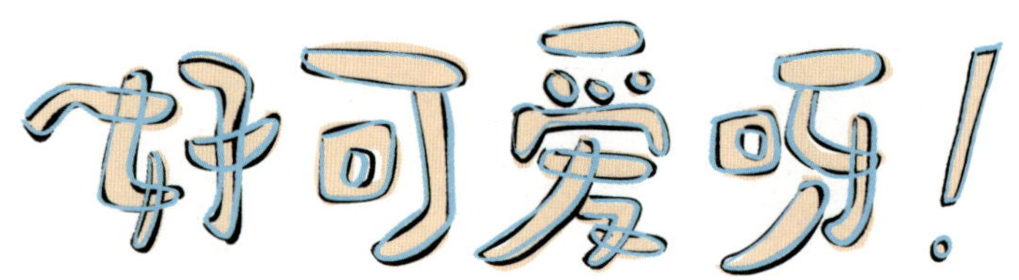

“好可爱呀！圆乎乎的！”实习生拍了拍手，俯身看着绒毛球。

确实，这些小家伙让人感到安慰，它们不停地摇着尾巴，开心地在地上打滚，还把肚子鼓起来让人摸。

“这到底是什么啊？”门卫警惕地问道。

经验告诉他，应该和园子里的一切动物保持距离——即使是这样毛茸茸的小可爱。

“收益。”雷肖先生如实回答。他跪在一个小家伙身边，看了看小家伙的尾巴底下，又查了查牙齿。

“才这么小？”门卫很惊讶。

“希望它能快快长大呀。”雷肖先生捧起一个，并把它举过头顶，“你会长大的，对吗？”

小绒球吱吱地叫着，摇着尾巴，把雷肖先生额前的头发扫到了左边。实习生没忍住，笑了出来。门卫疑惑地看了看这个小东西，又看了看装着强化疫苗的注射器，便转身离开了——他不忍心听到那种可怜的呜咽声。

收益 收益意味着我们赚到了钱，而亏损意味着我们损失了钱。你可能听人说过，他们卖东西是有收益的。如果有人花100元钱买了一款电子游戏，并在一年后以120元的价格转卖，这样一来，就有了收益！二手游戏一般没这么赚钱……除非是那种珍藏版的游戏！不过可以假设我们开了一家蛋糕店，制作一块蛋糕的成本是5毛钱，而我们卖1元钱，那么收益是多少呢？5毛。而每块蛋糕赚到的钱里，又必须减去生产成本（糖、面粉、煤气等）。那生产桌子的人呢？买木板、买钉子、请木匠的钱必须低于桌子的售价，因为如果花的钱更多，就没有收益，只剩亏损了。

雷肖先生很喜欢逛水族馆，他可以在这里待上一天。安安静静，半明半暗中，玻璃墙后的彩色货币成群结队地游动，这一切都使雷肖先生心静神宁。此外，水族馆还有一个好处，就是可以照镜子。雷肖先生把头向左歪，又向右歪，检查头发有没有歪，然后……

他喊道，一个箭步冲到墙边，按下红色按钮，“是谁把这些有攻击性的鱼放出来了啊?！”

一个阴影从底部滑过。货币们在恐慌中四散开来，溅起激烈的水花。落单的法郎、兹罗提和美元在墙边游走，寻求庇护。数十条长相各异的标本鱼——小的、大的、颜色深的、颜色浅的——惊慌失措地逃窜着，奋力躲避十几个掠夺者贪婪的吞

噬。雷肖先生无奈地看着这场屠杀，一次又一次地按下红色按钮。但是他知道，现在做什么都晚了。雷肖先生静静地站在玻璃前，一分钟后，门卫气喘吁吁地跑了过来，后面跟着售票员。战斗仍在进行，但他们没有什么可以做的。

“不是我……”门卫艰难地开口。

雷肖先生叹了口气。

“我发誓也不是我。”售票员说。

雷肖先生悲伤地点点头。

“会不会是实习生？”门卫陷入沉思。

雷肖先生摆了摆手。

没人说话了。

“现在怎么办呀？”售票员问道。

“能怎么办，这就跟生活一样，弱肉强食呗。”雷肖先生回答。

“不能再育种了吗？”门卫问道。

“只能到国外去买……”雷肖先生把手伸进钱包，“问题是，去哪儿能找来那么多货币呢……”

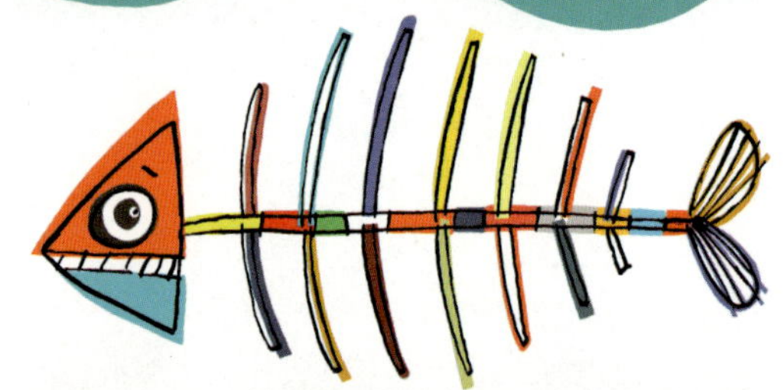

货币　各国使用的钱。你应该知道欧元长什么样子，对吧？1欧元等于100欧分。兹罗提是波兰的货币。1兹罗提等于100格罗什。兹罗提写作“zł”或“PLN”。世界上有各种货币，比如英国有英镑（£），美国有美元（$），俄罗斯有卢布（₽）。如你所见，每种货币都有自己的符号。货币可以互相兑换。在我写这本书的时候，1欧元可以换成4兹罗提40格罗什，或者1美元18美分，或者90便士。所以，如果波兰人想要1欧元，就要花费4兹罗提40格罗什。在20多年前的欧洲，有很多种货币，为了简化生活，很多欧洲国家抛弃了旧货币，统一改用欧元。大多数人很乐意看到这样的改变。

轻松一刻

门卫满头大汗地从亭子里搬来一个大箱子，疑惑地看着雷肖先生。

“好，就把它们放在外面吧。”雷肖先生戴上了太阳镜。

“你确定？”门卫取下了木盖子。

“确定啊。”雷肖先生开心地望着万里无云的天空，“它们喜欢在外面待着。”

“那它们跑了怎么办？”

“跑哪儿去啊？”雷肖先生笑着说，“就算跑了，它们身上都有签名呢。别担心，发票不会自己消失的。”

发票 一种确认某物已售出（或购买）的凭证。比如跟着父母在加油站付油钱的时候，你可能听到过这个问题："要发票吗？"如果你的父母经营公司，需要开车跑业务，那就要拿发票，因为它准确说明了汽油是从谁那里买的，什么时候买的，公司的名字叫什么，以及应该支付多少钱。需要缴税的时候，发票就会派上用场，有的发票可以抵扣税款。（下一个故事就会讲税款啦。）

动物园的“末日”来了！先是可怜的实习生被税款咬伤，然后整群税款挖地道逃出了围场。雷肖先生来上班的时候，到处都是一片狼藉。门卫和售票员被吵闹的猛兽们追着逃，而实习生则被堵在了实验室里，吓得泪流满面。

“别跑啦！”雷肖先生冲着气喘吁吁的门卫喊道。

“哼，我才没有那么傻呢！”门卫回答，“它们会把我撕碎的！”说着就爬上了水族馆的屋顶。

“骨头都得被嚼成渣！”惊慌失措的售票员回应道。

然后他爬上了树。

“它们不会把你撕了，我保证！”雷肖先生说，“顶多扯坏一件衣服，仅此而已。”

他站在水族馆前，抬起头。潜伏的税款在四处窥探。

“它们已经扯坏我的一条裤腿了！”门卫抱怨道，“还想要什么啊？”

“不知道啊，可能还想再扯一条？”雷肖先生无奈地摊开双手。

“已经扯了啊！”售票员在旁边的树上喊道，“从我裤子上扯走的！”

说时迟，那时快，雷肖先生刚想安慰他们，自己的裤腿也被扯走了。

“要这么多布料干吗？”门卫站在屋顶上，很是纳闷。

“是啊，干吗用呢？”售票员也很纳闷。

“可能是为了给我们的实习生包扎伤口？”雷肖先生郁闷地回答。

然后他捋了捋自己的头发，低头看了看脚踝，又对着水族馆的玻璃照了照自己。无论他今天怎么打理发型，形象都不会好看了……

税款 国家按税法向征税对象收取的钱。当然，不是什么大钱，但仍然有人抱怨。尤其是每次购物付款的时候，大多都要交税。天天如此！如果有人花3兹罗提买了一盒蓝莓，那么其中的24格罗什就会被国家收走，卖方只能得到2兹罗提和76格罗什。国家为什么需要钱？我们在税收的故事里已经讲过了。例如，用来建造学校，或者建设军队，以保证我们的安全。税款必须缴纳。

看到实习生走过草坪，雷肖先生微微一笑，但是笑容立马消失了——他听到一声尖叫，女孩一不小心掉到了坑里。

“你还好吗？”他赶到坑边，担心地问。

“它要吃了我！”实习生疼得声音发颤。

“怎么会呢？”雷肖先生不厚道地笑了。

“这是透支，我知道。”她吸了吸鼻子，“昨天有一个从笼子里逃出来了！”

雷肖先生抿紧了嘴唇。坑很深，但如果有售票员的帮助……

五分钟后，瘦得像根棍子的售票员俯下身，向哭哭啼啼的实习生伸出了双手。雷肖先生在上面抱着售票员的腿，粗壮的门卫则拽着雷肖先生。

“使劲拉！”售票员喊道。

“嘿哟——！”雷肖先生用力把售票员往外拉。

过了一会儿，四个人都瘫在了草地上，大口喘着气。

“行吧，”过了一会儿，雷肖先生气喘吁吁地说，“我们手拉手回去拿些设备吧，然后找找这里还有没有其他在挨饿的……”

透支 当取的钱比存的钱多，就会出现透支。透支就像一笔没必要的贷款，没必要是因为需要偿还的金额可能远远超过借款金额。所以有些人说，不断地透支是一个无底洞，很难马上用钱填满。因此，最好不要透支。好在这种事不会发生在孩子们身上，因为他们不使用信用卡（至少现在是这样……）。

沉重的事情

救护车亮起信号灯，在狭窄的街区间飞快穿梭，车身上写着“妙妙动物园杂事专用”的字样。一个街区里挤满了好奇的人。雷肖先生跳下车，习惯性地捋了捋短发，人们不情愿地给他让了路，然后看着他走进了一个破败的小屋。警察热情地把他领到了里面。

“在哪儿？”雷肖先生火速进入工作状态。

“什么在哪儿？”警察吞了口唾沫。

“那个家伙啊，在哪儿?！”

“啊……”警察擦了擦额头，“在阁楼上呢。”

雷肖先生一言不发地上了楼，楼梯年久失修，每走一步都吱吱作响。似乎整座房子都在颤抖，因过度劳累而呻吟着。这房子肯定很久没人住了——木质的天花板还没塌，真是个奇迹。阳光透过屋顶的缝隙照射下来。

“在角落那里。”站在一楼的警察低声说。

雷肖先生向右看了看，确实有个家伙在那儿喘着气，是个灰色的大块头！

“该怎么办呀？”那位警察抬起头，盯着雷肖先生的腿。

“嘘……”雷肖先生往下走了两步，把手指放在了嘴唇上。

“你要带它走吗？”警察低声问。

雷肖先生摇了摇头。

“为什么？”

“我们得把它和整个房子一起带走……没办法。”

“所以我得在这里日夜站岗?!”警察震怒。

“别担心，它只是一个抵押贷款，”雷肖先生安慰道，“不会跑掉的。我们会查出来它属于谁，以及它应该在这里停留多长时间。”

“别担心，别担心！”警察阴阳怪气地重复着雷肖先生的话，跟着他走出了门，“那万一这抵押贷款砸到人了，怎么办啊?”

“如果没人进来，就不会砸到人，”雷肖先生走了出去，看了看在房子前围观的人群，“不过，好像确实得安排一个警卫……”

“我就说吧！”警察翻了个白眼，“需要多久？”

“最多几十年吧，”雷肖先生嘀咕道，“除非有人提前买这所房子，连同抵押贷款。回见！”

说完他便离开了。

抵押贷款 如果有人向银行借一大笔钱，可能就会产生抵押贷款。有些人会用房子做抵押，如果没办法还清贷款，银行就可能把这个房子卖掉，用这样的方式收回资金。不爽吧？肯定呀。但银行既然借出了钱，就必须确保自己不被骗，所以会要求提供抵押品。关于抵押的条款会写在贷款合同中。有很多人背负着抵押贷款，还了很多年贷款，经济负担很重。

游乐场

游乐场本是给游客设立的分流点，然而最常来玩的居然是园子里的动物们。

“我受不了了，”实习生抱怨道，“我真是受够了，它们整天就在跷跷板那儿玩，别的什么也不干！”

“双胞胎？”雷肖先生问，“是需求和供给吗？”

“是的……”

雷肖先生突然大笑起来，接着又咬了咬嘴唇，捋了捋头发。

“它们就是这样，”他摊了摊手，“它们最喜欢玩这个。上，下，上，下……但至少我们能知道，它俩的重量差不多……挺好的。”

需求和供给 没有前者就没有后者。当有人想购买某种产品时，就会谈到需求；当某个产品投入市场时，就会谈到供给。如果食物和饮料供给突然变少，那么光是买这些东西就会花掉很多钱！那如果食物和饮料供给太多了呢？先是会出现浪费，然后生产者被迫大幅降价，甚至赚不到利润。所以我们想要的东西得足够多，但不能太多！需求这么多，供给也这么多。均衡万岁！

怎么会这样?!

要么是身体虚了，要么就是外面有什么东西挡着——雷肖先生想从实验室出去，却怎么也打不开门，不过好在实验室里有电话。

“喂？”听筒里传出了门卫的声音，“挡住了？行，我马上过去。”

通话戛然而止，然而一分钟不到，电话就又响了，门卫的语气也明显严肃了很多。

“有个东西坐在外面，挡住了门，”他说，“好像还越来越膨胀了。”

“大吗？”

“大。”

“你能描述一下吗？”

“又大又丑。”

“再具体点儿。”

只听电话那头咕哝了一声。

“再具体点儿就是，”门卫说，“这东西长得像只大虱子，又膨胀得像气球。”

雷肖先生捋了捋头发，陷入沉思。

“不能把它轰走吗？”

“我试试。”

雷肖先生竖起耳朵听着外面的声音，门后传来了尖叫声和嗡嗡声，紧接着是一声巨大的吼叫，然后电话响了。

“没用啊，”电话那头的人气喘吁吁，“它冲着我吼，说它自己定规矩，也没人敢使唤它，我就不应该惹怒它，不跟它混就是死路一条。”

“是垄断！”雷肖先生恍然大悟，双手抓着头发，“我们怎么就没注意到园子里出现垄断了呢？！”

门卫沉默了。

“行，”雷肖先生觉得是时候采取行动了，“你得把它劈成两半！”

“你疯了吗？”门卫大喊。

“或者得四块才行。”雷肖先生指挥道，“速度要快，赶在它把你吞掉之前动手！”

“把我吞掉？”门卫哽住了，“想得美！”

随即，外面传来响亮的一声咔！

垄断 试想一下，有一家童书出版社，不择手段地阻止其他出版商抢生意。这是何苦呢？大概是为了能自由地涨价——想给孩子买睡前读物，如果没有其他选择，就只能买他们的书！即使这家出版社（垄断者）不再在乎书的质量，装帧越来越丑，印刷越来越差，用纸越来越糙……不过别担心，垄断是被禁止的！如果一家公司试图垄断市场，相关部门就会介入。正是因为有了竞争，公司才会追求物美价廉。

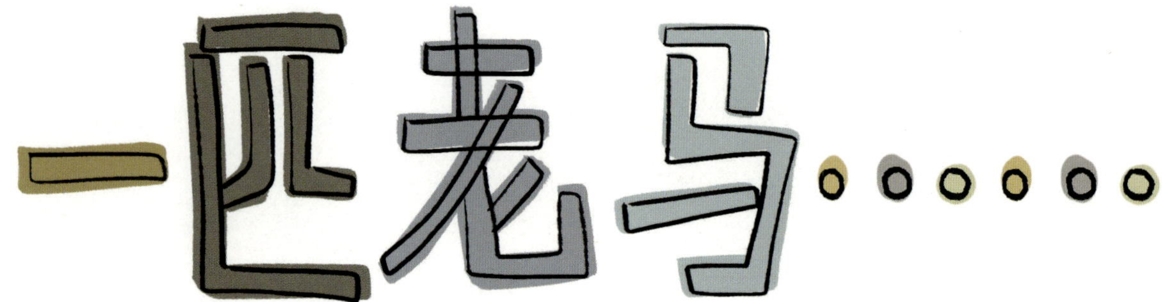

一匹老马……

门卫郁闷地盯着在围场里散步的退休金，内心毫无欲望。它看起来很憔悴、很虚弱，完全没有活力。它耷拉着脑袋，一瘸一拐地拖着身体向前挪动。

“怎么，它给人的印象不好吗？”雷肖先生叹了口气，在门卫身边驻足。

“不怎么好。”门卫咕哝道。

“你是已经……你想……？”雷肖先生欲言又止，意味深长地看了一眼退休金。

“反正它驮不动我。”门卫耸了耸肩，“这么瘦，肋骨都露出来了，走两步就得被我压垮……”说完，他不自觉地掖了掖衣服，盖住圆鼓鼓的肚皮。

雷肖先生点了点头。许多动物在围场周围闲逛，看到退休金，也大多投去怜悯

而不是钦佩的目光。明明按时给它喂饲料，甚至在动物园建成之前就好生养着它，可还是……多说无益啊。不止门卫一个人想让它驮着，但它不可能驮得动所有人。

“要不你再等等，”雷肖先生哼了一声，“或许我们能喂它点儿……”

“嗯……必须喂，”门卫嘀咕道，“它光靠吃可能不管用，要不给它输液吧。”

然后没有幽默感的他又开始工作了。

退休金 年老、不能工作了的人一般靠它活着。他们工作了几十年，赚钱养家，其中一部分收入月复一月地存到了一个退休金账户里。工作时间越长，挣的钱越多，为退休存下的钱就越多。在欧洲某些国家，男性可以在65岁以后退休，女性可以在60岁以后退休，但许多人觉得太早了，所以会继续工作。有些人是为了多攒点儿钱，好安度晚年；有些人是为了避免无聊。

雷肖先生把手指放在嘴唇上，示意实习生不要动。他自己蹑手蹑脚地走向灌木丛，轻轻地拨开叶子，向外看去，然后又轻轻地回到实习生那里。

“在呢，”他在她耳边低声说，“草地上到处都是……我们尽量多抓一些吧。”

实习生用力地点了点头。

“只抓那些一大拨一起飞的，往上飞的，还有大喊‘牛市！牛市！牛市！’的，它们是最有价值的。”雷肖先生说完，从背包里拿出了一个捕虫网，“而那些没劲儿的，往下掉的，呜呜地叫着‘熊市’的，动都不要动。”

“为什么呢？”实习生小声问。

“它们不值钱，”雷肖先生解释道，“我想把最值钱的捉回园子养起来。”

他们的车停在路边，在身后很远的地方。有人打电话说，一群股票要降落在城市附近，收到消息之后，他们马不停蹄地赶了过来——可不能错过这么好的机会。

“要抓多少呀？”实习生试着甩了甩捕虫网。

“越多越好，”雷肖先生说道，捋了一下头发，“准备好了吗？”

“好啦！”

“那冲吧！”

说完，两人一起向前冲了出去。

股票 股份公司的一部分（这里说的一部分可不是实体哟）。所有买了股票的人都会拥有公司的一小部分。买的股票越多，对公司的决定权越大。如果买了公司大部分的股票，就可以管理它了。如果公司赚了很多钱，它就会变得越来越值钱，股票也会越来越贵。而如果公司经营困难，那不好意思，它的价值会和股票一起下跌。股票可以出售和购买——在股票市场上最为常见。低价买入股票，一段时间过后，它变贵了，那就最棒了。

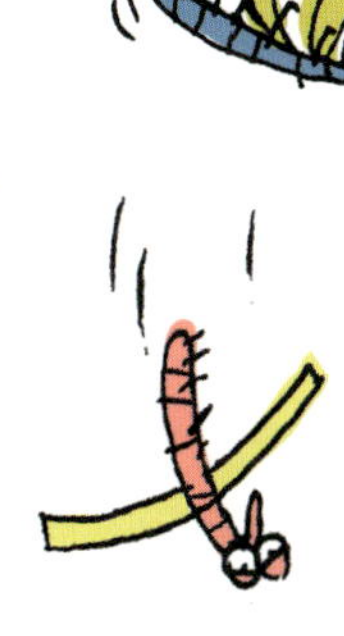

“我觉得吧，这个地方就挺合适。”雷肖先生说。

门卫、售票员和实习生迷惑地看着墙边的那片沼泽地。它差不多有篮球场那么大，或许可以打打“泥球”吧。

“在这儿建交易所？”门卫问道。

“不行吗？”雷肖先生更加坚定了自己的想法，“我们可以给访学团的游客们展示股票最自然的状态！”

门卫还想说些什么，但他突然滑倒了，还绊倒了售票员和实习生，仨人都直接栽进了泥里！

“没错！”雷肖先生说，“我们就用这种方式表演证券交易所的崩盘！”

“你还不如说证券交易所砰的一声炸了……”售票员苦涩地说。

“还是咕咚一声吧……”门卫疼得直叫唤。

“现在要啪嗒啪嗒了。”实习生说。

雷肖先生有点儿疑惑，刚想顺一下头发，就看见实习生啪嗒啪嗒地掉眼泪了。

证券交易所 人们交易的地方，类似市场，但买卖的不是水果、肉、面包这些，而是股票、债券等，甚至可以购买黄金、白银或石油！但当然不会有人扛着一袋金子来证券交易所，要不然用股票干吗？也有人会分析股票价格是上涨还是下跌，以此谋生。

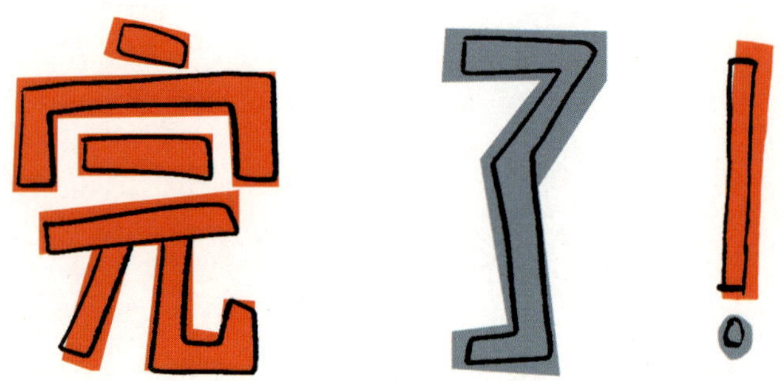

“你听说了吗?”门卫挥舞着手里的报纸，从门岗亭里跑了出来，“这儿，第二页……”

新闻稿很短：第二家经济动物园现已开放，而且和第一家在同一个城市！雷肖先生扫了一眼新闻，然后默默地把报纸还给了门卫。

“要完了对吧？”门卫吞了吞口水，“我们完了……”

“为什么？”

“一山不容二虎呀！”

雷肖先生对着门岗亭的窗户，看了一眼头发是不是又歪了，然后拍了拍门卫的肩膀。

“别慌啊，”他说，“什么完了完了的，这才刚开始呢。竞争变大了，所以我们必须竭尽全力，超过他们。”

“要是超不过呢？”门卫绝望地看着静悄悄的园区小路。

“要是超不过，”雷肖先生高声说道，“那咱们就是不适合这份工作呗！竖起耳朵，打起精神！”说完，便向办公室走去。

“竖起耳朵，说得轻巧……”门卫嘀咕着，戴上了帽子，“我的头发们已经都竖着了，为什么还让耳朵卷进来啊？”

门卫耷拉着耳朵继续干活了。

竞争 选择多了，就会有竞争。如果一些公司都生产运动服，那他们就会重视产品的质量和外观，劝我们选这个、不选那个，搞打折促销……这就是竞争！多亏了公司之间的竞争，我们可以选择更喜欢的品牌，或者更适合自己的品牌，或者直接选更便宜的。有了竞争，就意味着会出现新产品、新技术、炫目的设计、惊人的想法！没有竞争，世界的进步就会变慢呢。

广告时间

“这儿行吗?”门卫喊道，声音有些发颤。

“再高一点儿！”雷肖先生在底下喊道。

门卫内心骂骂咧咧，但也没辙，于是又向上爬了两根树枝，压得整棵树吱吱作响。马路对面，售票员小心翼翼地爬上了电线杆。他爬得挺轻松，就像爬梯子一样，双脚很容易就撑在了金属支架上。但是，挂在胳膊上的绳圈显然很沉，绳圈的另一端系在门卫的腰上——两人拉着一个横幅广告。

“这里呢?”门卫颤抖着，满怀希望地喊道。

“再高点儿！”雷肖先生喊道。

“再往上不行了！”没想到，电线杆上的售票员不干了，“那上面有电！”

“可你刚爬到一半啊……”雷肖先生试图说服他。

然而售票员很倔，他来这里打工可不是为了像猴子一样爬来爬去的——他太瘦

了，风一吹就倒……况且横幅广告还特别沉！

确实，挂在街上的横幅广告肯定不轻，尺寸相当大——司机们隔很远就能看见。门卫松了口气，解开腰上的绳子，缠在吱嘎作响的树干上。售票员也想这么干，可他要么是紧张，要么是单纯的胆小——他把绳子缠在其中一个支架上，同时绑住了自己的腿。横幅广告随风飘动，拉扯着绳子，售票员没站稳，从杆子上摔了下来。但他没落地，而是头朝下挂在了离人行道几米高的地方。路过的司机们很好奇，纷纷踩下了刹车。

“救命啊！”售票员喊道。

“停，停，停！”雷肖先生打断了他的话，“既然你已经喊上了，那就喊些有用的吧！”

“帮帮我啊！”售票员喊道。

“你喊这句：‘园区新景点，经济马戏团！’”雷肖先生指示道。

“救命！”售票员喊道。

雷肖先生挥了挥手。

售票员喊什么不重要，重要的是，广告要给人留下深刻的印象！

广告 广告牌上、电视上、邮箱里，广告无处不在。它们的存在是为了让我们买东西（比如冰激凌），或号召我们做某些事情（比如参加 5 公里马拉松比赛）。我们走进一家商店，如果碰到了在广告上见过的产品，就更有可能买下来。所以，即使打广告很贵，商家也甘愿花钱，甚至眼睛都不眨一下——因为可以带来利益。商家可以略微提高产品价格，来赚回广告费。但广告不可以骗人，比如不能说胖人吃了这个药丸，可以立马变瘦。广告也不能诋毁其他类似产品（“那种药会损害耳朵！”）。

格雷格什·卡斯戴普开

一个不需要打广告的作者。只要有他在，出版社就不愁没好书出，读者也不愁没有好故事看。作者小时候，所有的零用钱都用来买了漫画书和小说，有时还会欠银行的钱——有一次差点儿让银行破产。他是一名天生的作家，出版了近 50 本书，大部分都是畅销书（就是卖得很火的书！）。他写过侦探小说、浪漫小说、科幻小说，还有恐怖小说，但他写得最多的还是搞笑故事。他获奖无数，曾与理查德·派特鲁合作过一本关于经济学的书，而为了解释什么是经济衰退、余额和利润，他决定再写一本。

理查德·派特鲁

与格雷格什·卡斯戴普开同龄，这是他们合作的第二本书。理查德上学的时候，对一切未知的东西都很感兴趣：做了很多计算，问了很多问题，也制订了很多计划。后来他成为一名经济学家，曾在银行、财政部和咨询公司工作。现在，他每天都和钱打交道，帮助各种公司和政府做投资计划，应对不同的经济情况。在空闲时间，他会琢磨各种各样的经济问题，也努力找寻答案。他不仅找到了答案，还能为大人和孩子们解释，比如：什么是利润和亏损，二者有什么区别；什么是抵押贷款。

丹尼尔·德·拉图尔

书本、杂志，任何可以画画的地方，他都要拿来画。他起步很早，大概上幼儿园的时候就开始画了。他曾为喜欢的书中英雄补画军刀和火枪，原来的插画师肯定忘了画了(毕竟有军刀和火枪的英雄比没有的英雄帅多了)。然后他开始在更大的白纸上作画：海战和空战，充满鳄鱼的河流，火山的横截面，有关宇航员、海龟、吸血鬼、奶酪和牙齿（是的！）的漫画。可没想到自己长大了，却没有别的出路，只能继续画画。从那时起，他创作了相当多不同的肖像画：十几条龙，三十几个小矮人，一百多个幼儿园的孩子和五十个小学生，几只大象，满地的鳄鱼，四五个国王和一个王子，十几个指挥家和火车司机，马卢斯凯维奇先生，佐西亚 · 萨莫西娅，以及无数的小号手、蜘蛛、宇航员、炮手、小猫、苍蝇、骑士、犀牛、发明家、章鱼、教师和恐龙。但他以前从未有机会画赤字和信贷！

给孩子的经济学通识课②

钱夹子王国

[波兰]格雷格什·卡斯戴普开 著 [波兰]丹尼尔·德·拉图尔 绘 张艳阳 译

中信出版集团|北京

图书在版编目（CIP）数据

钱夹子王国：给孩子的经济学通识课．2／（波）格雷格什·卡斯戴普开著；（波）丹尼尔·德·拉图尔绘；张艳阳译．-- 北京：中信出版社，2022.10（2025.7重印）
ISBN 978-7-5217-4486-6

Ⅰ．①钱… Ⅱ．①格… ②丹… ③张… Ⅲ．①经济学—儿童读物 Ⅳ．① F0-49

中国版本图书馆CIP数据核字（2022）第114502号

钱夹子王国：给孩子的经济学通识课②

著　　者：[波兰]格雷格什·卡斯戴普开
绘　　者：[波兰]丹尼尔·德·拉图尔
译　　者：张艳阳
出版发行：中信出版集团股份有限公司
（北京市朝阳区东三环北路 27 号嘉铭中心　邮编　100020）
承 印 者：北京中科印刷有限公司

开　　本：889mm × 1194mm　1/20　　印　　张：12　　字　　数：220 千字
版　　次：2022 年 10 月第 1 版　　印　　次：2025 年 7 月第 5 次印刷
京权图字：01-2022-3213
书　　号：ISBN 978-7-5217-4486-6
定　　价：79.00 元（全两册）

第二部分 怪怪马戏团

角色简介

雷肖先生

门卫

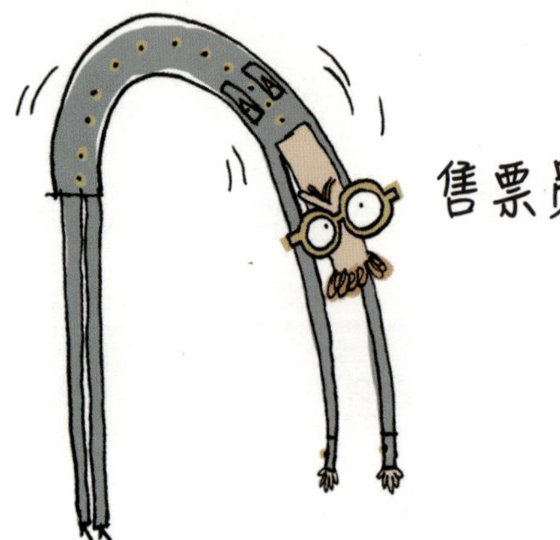

售票员

实习生

以及所有奇怪的家伙们！

第二部分

怪怪马戏团

临近黄昏，动物园已经下班好久了，但雷肖先生、门卫、售票员，甚至实习生都没有回家。园子里的动物们闲不住了，它们有些没被关在笼子里，于是在好奇心的驱使下，来到了杂货间，站在三个雇员的背后，等待前面的雷肖先生讲话。

雷肖先生捋了捋头发，清了清嗓子，又看了看四周……深感迷茫。胳膊底下夹着的盒子让他很困扰，里面的东西能说服任何一个人吗？说服大家值得冒这个险，值得撸起袖子跟着他干？雷肖先生叹了口气。

“有那么为难吗？”实习生同情地问道。

“算了，我直说了吧……”雷肖先生说道，换了一只胳膊夹住盒子，“想要做大做强，就必须努力工作，还要做出改变。”

售票员和门卫对视了一眼，动物们也紧张得坐立不安。

“什么改变？”门卫问道。

“打造一支马戏团……”雷肖先生咳了一声，“咱们不仅要展示奇怪的动物们，还要……带它们一起登台演出。”

“咱们？”售票员哽住了，“咱们，是指我和其他人吗？”他用手指了指自己的胸口，“登台？那我算什么？驯兽师？杂技演员？还是小丑啊？”

“差不多吧，”雷肖先生回答，不畏他们怀疑和责备的眼神，“我们没钱雇用新人，就得自己挑大梁！”

“是啊……还不给涨工资。”门卫喃喃地说。

“是也不是。”雷肖先生掂了掂盒子，“大家要准备好迎接变化，我们所有人都会成为园区的主人，”他眼睛放光，环顾四周，“而且要公平地分享利润，每个人都会得到分红！”说完，他举起了盒子。

门卫和售票员瞬间瞪大了眼睛。

“我能看一眼吗？”实习生走上前。

“轻点儿，别吓着它。”雷肖先生边说，边掀开了盒盖。

实习生看了一眼盒子里的东西，又看了一眼难堪的雷肖先生。门卫和售票员好奇地走了过来。

“它怎么这么憔悴啊？”门卫插了一句。

“能不能变大，就看我们的造化了。”雷肖先生回答。

“刚开始都这样，也行……”售票员意外地很支持，“这小家伙好像也不难驯……”

于是，怪怪马戏团在这一晚成立了。

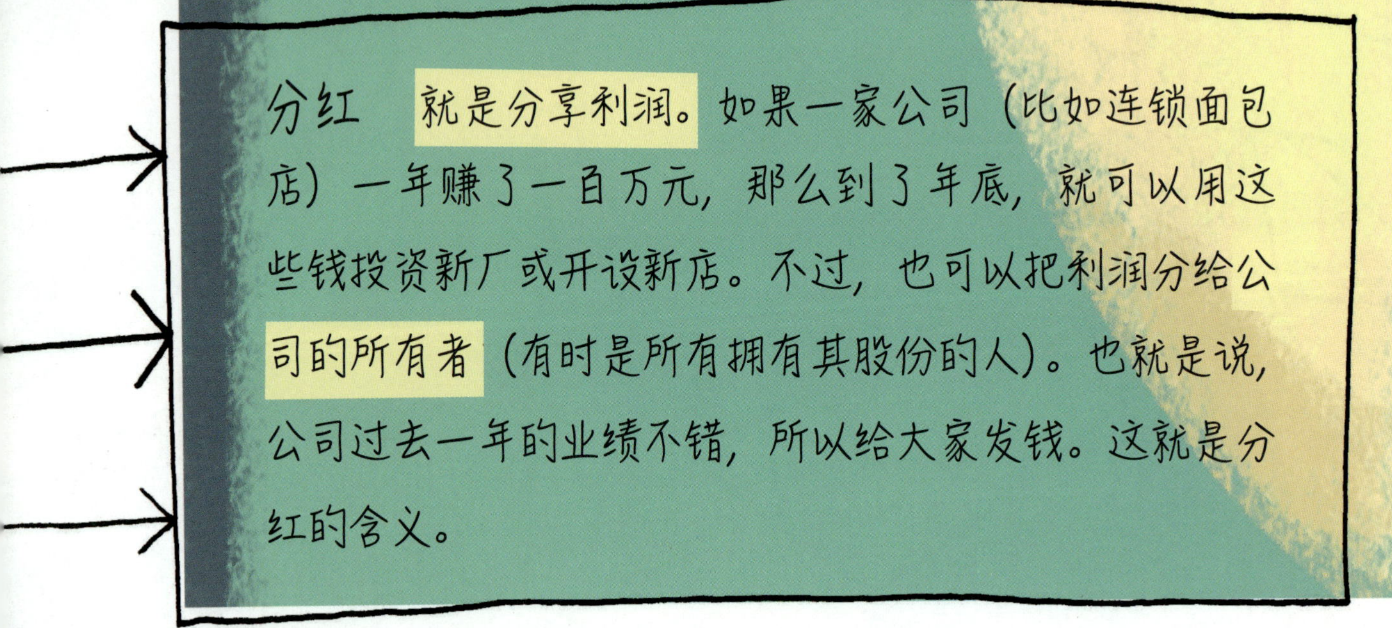

把它扯开

马戏团的帐篷花了一天才搭好，建在了动物园一进门的地方，前面是栅栏，后面是通向公共设施建筑的小路——离笼子和围场很远，这样晚上的表演就不会打扰到怕吵的动物了。不是所有的动物都适合表演马戏。有些长得太吓人了，有些太危险了，还有一些太笨了……不过雷肖先生相信自己肯定能找齐演员。他不停地打电话，不停地跑来跑去，不停地给别人发邮件，而另一边，门卫、售票员和实习生在组装观众席的椅子，然后要给舞台铺上小石块……最后，马戏团终于准备停当，可以招揽观众了。

“还差这个……”雷肖先生气喘吁吁地背着一卷东西，沉得他直不起腿。

“地毯吗？”售票员冲过去帮忙。

“保险单。”雷肖先生挤出三个字，在舞台中间停下脚，“来，咱们把它铺在地上，要小心点儿！”

这保险单看起来有些破旧，甚至清洁了一遍还是很旧，不过雷肖先生保证说，它会恢复的。再说，也没什么可抱怨的——拿到的时候就这样，也没时间挑剔了。

“它有什么用啊？”门卫疑惑地看着脚边这个奇怪的东西。

“你马上就知道了。”雷肖先生擦了擦额头上的汗，重重地喘了口气，然后抬起了保险单的一角，“来，大家一起！”

四个人一起举起了这个可怜的家伙，然后，在雷肖先生的命令下开始拉扯它。拉到极限的时候，他们把它钉在了马戏场四周的柱子上。

“蹦床吗？”实习生跳到了紧绷绷的保险单上。

“也可以是，”雷肖先生点了点头，“但最重要的是当安全网，以防万一。”

雷肖先生满意地点了点头，便转身忙别的去了。

保险单　证明某人投保的文件，严格来说是某人或某物，比如，路上跑的汽车也要上保险。那是不是有了保险，就肯定安全了呢？不，安全的只是我们的……钱。如果发生了意外事故，保险公司就会理赔维修的钱，或是住院的钱。但保险不能确保我们平安无事，安全带才能！怎样才能上保险呢？买就好了。车主可以买保险，比如一年付2 000元。贵吧？贵就对了，修车一般都不便宜。那么保险公司的钱从哪儿来呢？从其他司机的保费里来。毕竟不是所有的司机都会出车祸！你还可以给房子投保，甚至给自己的健康和生命投保，以防火灾、洪水、盗窃和疾病……花钱买保险，也是买心安。

原来，门卫是马戏艺术的超级粉丝，而且居然十分擅长，甚至还梦想过加入某个剧团，为此还学了扔飞镖。可惜，他的才华没能打动任何人——除了他的妻子。他当初让她靠在篱笆上，说要展示一个绝招——站在二十步远的地方，把飞镖扔到她头旁边的篱笆上。这一招确实挺管用。在医院里，因为太过内疚，他就帮忙包扎了她的手。婚礼之后，马戏团的梦想显然不得不搁置了。

“我不可能让你朝园子里的动物们扔飞镖。”雷肖先生严词拒绝。

“我没必要非得朝动物们扔啊……”门卫意味深长地看了看售票员和实习生。

“你是说用靶子，对吧？”实习生迟疑地笑了笑。

“哼！”门卫耸了耸肩，“谁会想看那么无聊的东西啊！”

经过短暂的考虑，大家决定让售票员给拿着飞镖的门卫当靶子——这么瘦的人

很难瞄准，但这个表演的前提是售票员不发抖。

“我我我……控……控制不……不住啊……”售票员站在墙边颤抖着说。

实习生紧闭双眼，雷肖先生咬住了嘴唇。好，没有其他观众了。门卫严格地数了二十步，转过身来，举起飞镖，然后使出全身力气扔了出去！

飞镖扎在了售票员的左肩上边，第二支戳在了右肩上边，然后，腋下、耳朵旁边、膝盖旁边……

一切都发生得太快了，售票员甚至都没时间害怕，也没时间尖叫。

“好吧，好吧！”雷肖先生佩服地笑了笑，“没想到啊，恭喜你。”

“扔完啦？”实习生仍然捂着眼睛问道。

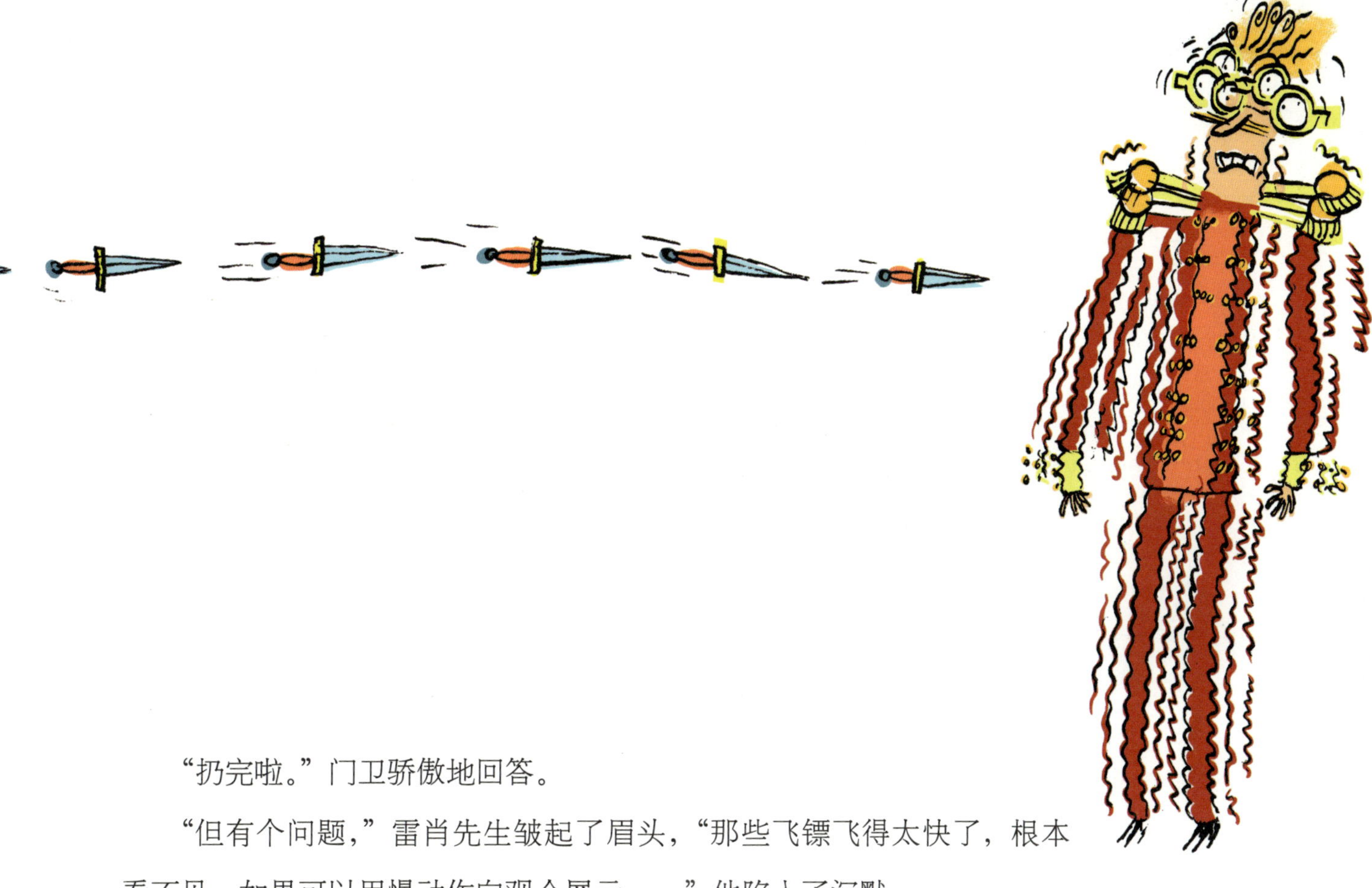

“扔完啦。”门卫骄傲地回答。

“但有个问题，”雷肖先生皱起了眉头，“那些飞镖飞得太快了，根本看不见。如果可以用慢动作向观众展示……”他陷入了沉默。

“经济衰退……”售票员轻喘道，他刚意识到自己还活着，“表演的时候把经济衰退放出来吧……”

“为什么？”门卫很不理解。

“因为它能减缓一切速度……”售票员喃喃地说。

然后他就晕过去了。

经济衰退 嗯，怎么解释呢？设想一下，你不长个儿，而是开始……萎缩了！听起来像是一种怪病，经济衰退确实也是一种病——一种经济疾病。如果经济不景气，人们挣的钱就比以前少，甚至可能直接失业。而且人们买的东西会更少。制造商的产品卖不出去，就只好减产。经济衰退可不是什么好事，出现了就应该尽早整治。

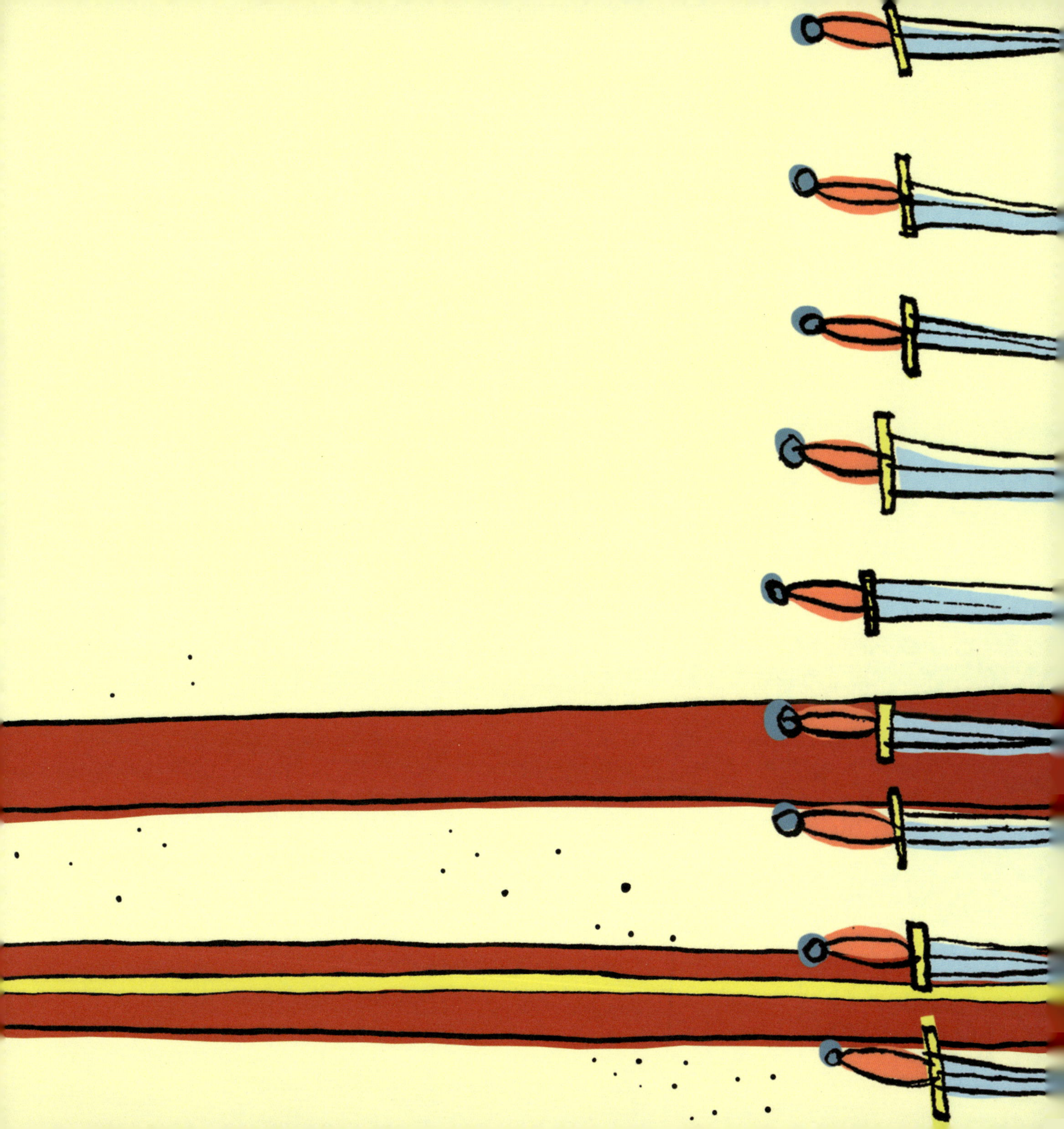

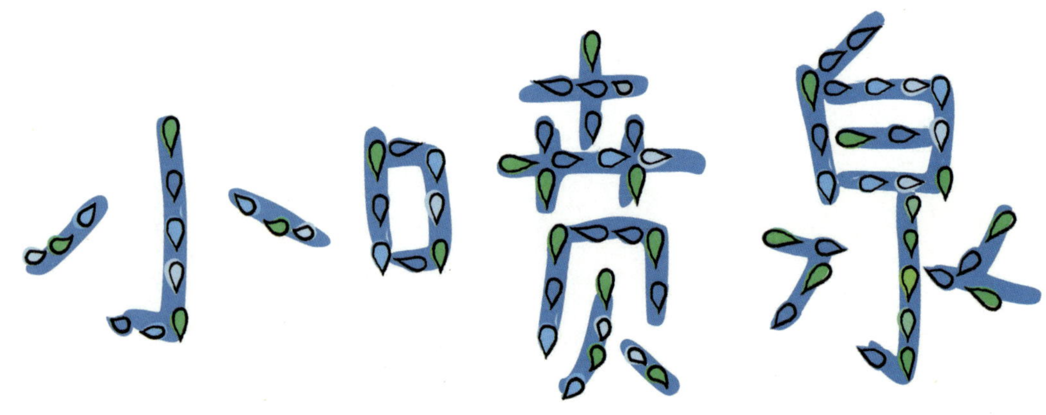

马戏归马戏，雷肖先生还是很关心动物园的情况，每天早晨都要巡视一圈，看看动物们心情如何，同时他还要记下哪些地方需要修缮、重建、更新和改进。他有数不清的计划，时间根本不够用，好在有些已经开始落地实施了。

“这里将来要建什么？”门卫挖着挖着，停了下来，擦着额头上的汗，靠在了铁锹上。

“喷泉，”雷肖先生解释道，“用来展示转账的样子。”

“呃……”门卫摆了摆手。

“然后在喷泉旁边，”雷肖先生又向前走了两步，“放一块木板，写上‘这是一个神奇的喷泉，只要投硬币，就可以心想事成、财源滚滚’。”

“啊……”门卫赞许地点点头，然后继续开挖了。

转账 孩子们的零花钱一般是从父母或祖父母那里来的，有时是硬币，有时是钞票。成年人一般喜欢使用银行卡和线上支付。在商店、出租车上一般都可以使用银行卡和线上支付，有时人们也会用银行卡在自动取款机上取钱。当把银行卡插入读卡器时，存钱的银行就会发来提示，说多少钱转到了商店、出租车司机或其他人那里。把钱从一个账户转到另一个账户就是转账。而从自动取款机里取钱，就不是转账了，而是提取存款。

角落

雷肖先生把门卫带到了园区的一个偏僻角落，四周杂草丛生，然后递给他一把铲子，让他挖一个坑。

“还挖啊?”门卫很是抗拒，“前天就过来挖坑，昨天也挖了，今天还来……你当我是什么呀，掘墓人啊！”

“你别急呀，可你……”

“这是我分内的事吗？”门卫急得直抢话，“不是吧！我只是负责看门跟监督啊！”

“可你什么活都会干呀。”雷肖先生试图安抚他。

“那也不能免费干活啊！”门卫叫道。

“谁说免费了？”

门卫这下不说话了，好奇地竖起了耳朵。

“我们要在这里建一个围场，”雷肖先生开始解释，“不是很大的那种。”

"在这儿啊？"门卫嫌弃地看着四周的灌木丛，"那在这儿养什么呀？"

"副业。"

"还得给它另辟一条路？"

"副业就喜欢这样。"雷肖先生回答，"犄角旮旯，道旁路边。天知地知，你知我知。"

"那我有什么好处？"门卫抓起铲子问道。

"你不会后悔的。"雷肖先生坚定地说。然后他撩了撩头发，回去干自己的活了。

副业　意想不到的额外赚钱机会。你知道兼职吧？就是非正式的、偶尔干的职业。例如，司机用公司的车帮别人运货，还因此得到了报酬——尽管既没用他的车，也没干他分内的事！但如果老板知道了，就不会放过他，税收也是！

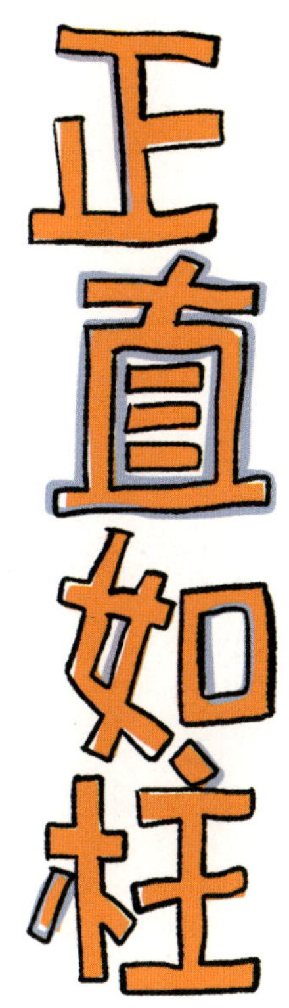

正直如柱

“一、二！”雷肖先生喊着口号，和其他人一起托住了一只动物的身子。它吓得僵住了。如果它的眼睛没有凸出来，就和普通的杆子没什么两样。现在要把它举起来，它有点儿重，所以四个人很吃力。

“小心，别让它歪到另一边！”雷肖先生喊道，只见它的尾巴已经卡在坑里了，“兄弟们，撑一会儿，撑一会儿！实习生快把土填上！趁现在！”

实习生熟练地把坑填好并把地面踩实。雷肖先生点了点头，门卫擦了擦额头上的汗水。

“立住了吗？”售票员抬起头，苦涩地喊道。

“立住了。”

他们走开了几步，从远处看了看这座园区的新地标。

“完美。”雷肖先生低声赞叹。

“真的吗？”门卫有些吃惊。

“真的，这是合同。”雷肖先生解释道，“你也知道，只有生效的合同才是最好的，对吧？”

合同　为了约定某件事，人们会使用合同。比如汽车买卖合同。一个人卖车，另一个人买车。这种合同呢，要写明谁是买家，谁是卖家，什么时候卖的，售价多少，等等。还有其他合同，比如劳动合同。很多大人都会签这种合同，表明同意了某件事，并签上名字。教师会和学校签，足球运动员会和俱乐部签，银行职员也会和银行签。合同里会规定工作地点、工作职责、报酬是多少，以及合同的有效期，等等，而且通常是纸质文件，雇主和雇员各执一份。

“杂额”空中跳

“这节目可以压轴了啊。”雷肖先生抬起头说。

门卫露出了怀疑的表情。他们站在马戏团的帐篷里，看着杂技演员们在上面荡来荡去。没有任何特别吸引人的地方，直到……直到售票员出现在了吊杆上！他穿着银色的紧身连体衣，看起来像一根闪闪发光的芦笋。

“但是……”门卫急得咳了起来，把怀疑的目光从售票员身上转到雷肖先生身上，“他这是……他这是想不开了呀！”

“呃，你能不能想点儿好的啊？”雷肖先生漫不经心地笑了，“你看看是谁陪他来的！”

门卫顺着老板的目光看去。在售票员旁边的吊杆上，一只余额在摇摆跳跃。

“空中转体三周，而且离地面 40 米！观众会疯了的，你等着瞧吧。”雷肖先生自豪地说，“咱这是真正的空中跳跃啊！”

“好像已经有人疯了，”门卫盯着荡来荡去的售票员，“你怎么能让他干这么危险的事啊？”

“我可没逼着他上啊，”雷肖先生回答，“咱们亲爱的售票员先生和余额是老相识，他们很信任彼此。”

但也许是太信任对方了，哥儿俩起跳的时候，余额没能抓住在空中旋转的售票员，结果他直接砸在了雷肖先生的身上。

“哎哟。”雷肖先生呻吟着爬了起来。

“这是谁的错呢？”门卫责备老板。

“谁的错不重要，”售票员哑着嗓子喊道，“重要的是我现在头晕眼花。”

余额 它会告诉我们，**某时某刻手里有多少钱。**比如可以算算你现在的零花钱还剩多少。假如父母在月初给了你50元钱，然后你花了25元买冰激凌和蛋糕，又借给了朋友15元，则还剩下10元。那么现在的余额就是10元钱！月末当朋友把15元钱还给你后，余额就是25元钱。（前提是剩下的10元钱一直没花！）

售票员和门卫默默地看着坐在笼子里的动物。它太可爱了，可爱到让人想把它抱在怀里……雷肖先生这次的预防措施未免太夸张了吧。

“我们还要这样盯多久啊？”售票员已经困得不行了。

门卫耸了耸肩。

“我不懂做这些是为了什么，”售票员叹了口气，眼睛一直盯着笼子，“它毕竟不可能穿过这一圈栏杆啊。”

“它准是能收缩呗。”门卫说道。

说完这句，他就睡着了。当他醒过来的时候，听见的第一句话是：“它跑了，这个坏家伙！”

笼子是空的，栏杆完好无损，原来在笼子里的动物不见了，却多了一条地道。

雷肖先生看着这一切，气得直挠头。

“它害得我们放松警惕了。”售票员搪塞道。

“不仅仅是放松警惕这么简单吧！”雷肖先生气得缺氧。

“谁能想到这东西这么狡猾啊……”门卫尴尬地说道。

“我能啊！”雷肖先生拍着胸脯，“我早就想到了啊！就是因为想到了，所以我才警告你们，不要让它离开你们的视线！直到带水泥板的笼子做好之前，都必须保持警惕！因为倾销就是这样，看似一切正常，然后打你个措手不及！现在怎么办？大海捞针吧！”说完他便沉默了，应该很失望吧。

“害……害人终害己！给别人挖坑，自己也会掉进去。”售票员想秀一下自己的谚语储备。

“三十六计，走为上！”门卫补充道。

于是还没等雷肖先生大发雷霆，他俩就跑了。

倾销 以低于平均市场价格（甚至低于成本）的价格大量出售产品。有些人是故意降价的，他们是疯了吗？不一定。这样做是因为，他们希望所有人都只买他们的产品，而不是其他同行的。这能回本吗？对于非常有钱的制造商来说，可以。他们能扛住很长一段时间的损失，直到其他人被迫破产。这样的行为打破了公平竞争。在这种情况下，赢家永远会是最强大、最富有的人，却不一定是最好的人。所以，倾销在许多国家都是违法的。

门卫和售票员喜欢聊各种话题，只要能用上点儿专业词汇，就说个没完。只是有时候，哥儿俩的用词确实有些诡异。

“你注意到了吗？”售票员宽和地笑了，“咱们的实习生啊，最近向雷肖先生出口了一些非常热情的词句，我看她是陷进去了，可怜的姑娘哟……”

“我看见了，我看见了……”门卫转了转眼珠，“可是她只从他那里进口了一些刻薄的言辞哟！”

他们点了点头，露出了互相认可的微笑。

“不过说真的，”门卫又说，“一个小孩儿哪里懂什么进出口呢？”

“特别是关于感情的。”售票员说。

“就是，就是。”

“没错，没错。”

“嗯嗯。”

出口和进口 出口是指把我们在国内生产的东西销往国外，进口是指购买国外的产品。拿波兰来说，比如智能手机，波兰就需要进口。用来制造汽油的原油也一样要进口。而波兰会出口家具、食品和飞机零件。

“我绝望了。”实习生看着售票员，咕哝道。为了掌握抛接球的基本技巧，售票员已经练了一个多小时，但目前来看，还是收效甚微，就算抓住了，也是瞎猫碰上死耗子。不过他也成功过一次——把球抛起来，又接住了球。让他耍两个球就很费劲了，拿三个就彻底乱了套，不知道应该先抓哪个，握住哪个，扔出哪个——最后全掉在了地上。

“没救了。”雷肖先生坐在空荡荡的观众席里感叹道。

“嘘……”实习生把手指放在嘴唇上，“他会听到的，别打击他的信心。”

“或许最好是……”

实习生责备地看着雷肖先生。

“怎么啦？是他自己主动要学，又不是我出的主意。”雷肖先生哼了一声，“我还心疼我的分期付款呢。好在我把它们换成了小球。你想想如果是……”雷肖先生没说完，只是摆了摆手。

“是啊是啊。”实习生叹了口气。她仿佛看到了分期付款们，一个个尖叫着掉到舞台底下的小石块上，然后争相逃离倒霉的售票员。他可能真的不适合搞杂耍。

“行了，就这样吧！”雷肖先生站了起来，“我去告诉他别练了。”

“还是我去吧！”实习生吓坏了，“您语气太生硬了……”

“也好，那你去吧，”雷肖先生耸了耸肩，“说就直截了当地说，别分几次说……我们没时间在这儿耗着。”说完，他便走出了帐篷。

分期付款 就是一笔钱分成几次来支付。如果买不起1200元的电子产品，就可以把这笔钱分成12期等额付款，每月支付100元。但是，但是……有时分期付款会有额外费用！因为分期付款是一种贷款，放贷的人要靠它赚钱，所以要付的可能不止1200元哟！嗯，有点儿亏！

“呜呃……”门卫面露难色，一动不敢动，“你能把它拽下来吗？”

雷肖先生好奇地停了下来，看着吓坏了的门卫。一条奇怪的东西缠住了他的脖子——看起来像一条蛇，又像一条围巾。

“求你了！”门卫带着哭腔说。

“嘘……”雷肖先生走上前，难以置信地摇了摇头。

“这是什么啊?”

“消费税。”雷肖先生回答，“我头一次见它缠着人。你还好吗？”

“越来越难受了。”门卫如实回答。

“倒也说得通了，”雷肖先生点了点头，然后从公文包里拿出工具，“消费税总会缠着那些不健康的东西。没事，我们试试把它弄下来吧！”

之后，他捋顺了头发，开始工作了。

消费税　一种缴给国家的税（前面我们已经讨论了税收）。好在孩子们不太可能遇到这种税。消费税一般只和成年人有关，比如那些买酒的成年人。为什么要征收消费税呢？嗯……大概是为了给喝酒导致生病的人治病吧。

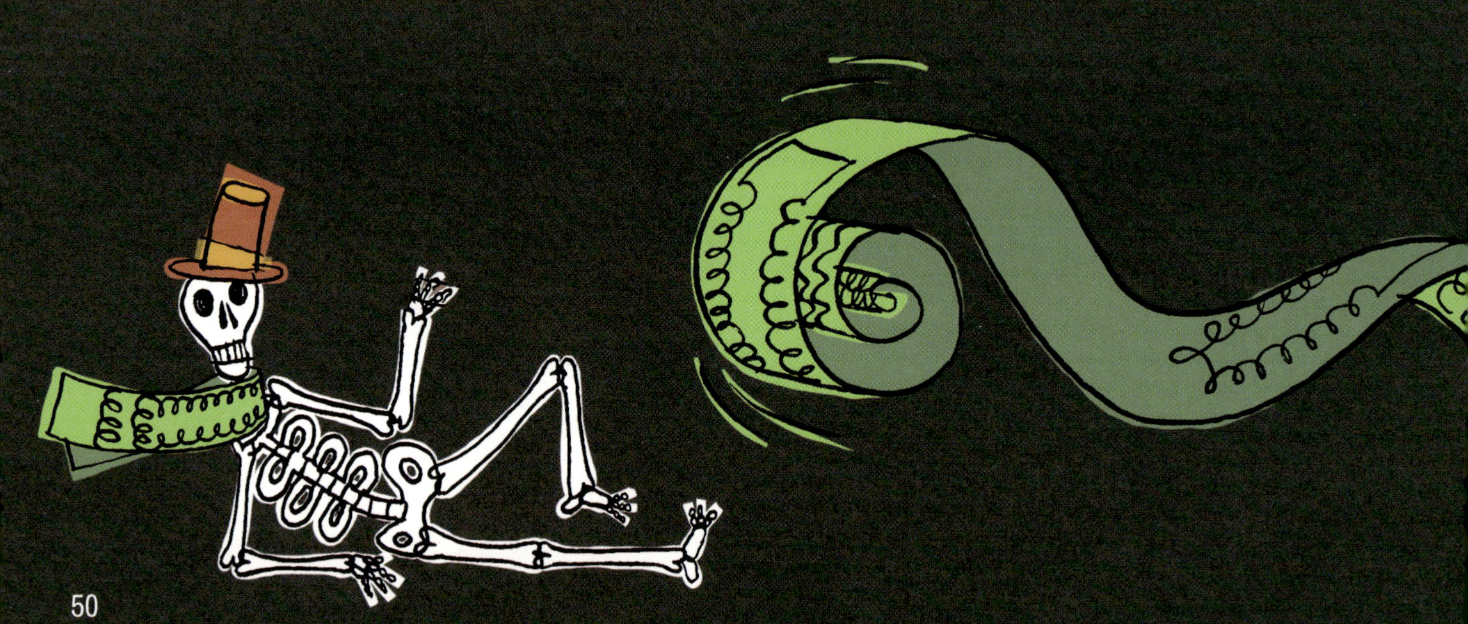

我是为你好……

随着一阵急促的敲门声，雷肖先生放下了手里的文件。

“请进。”他抬起头，看向门口。

来的是园子里的一个新朋友。虽然刚到没几天，但它已经挑起很多事了。一拨人喜欢它，另一拨人讨厌它。一方面，它干净整洁，值得信赖；而另一方面，它很自大，爱挑刺儿，还爱多管闲事……难怪不是每个人都喜欢它。

“哎哟，怎么是你啊！”雷肖先生抱怨道，“我累了！”

“太抱歉了。”对方回答，“但我是为你好呀，你这里……”

“明天吧！”雷肖先生指了指门。

“财务安全漏洞百出啊。”这个傲慢的家伙在办公室看了一圈，随后若有所思地瞥向了窗外。

雷肖先生站起来，二话没说就把它扔出了门。

然而刚过了一刻钟，雷肖先生就后悔了。

“它在园子里到处数落人！”实习生跑来抱怨。

“正常，我们得习惯它这样，”雷肖先生无奈地摊开了手，“你还指望评级能干出什么好事吗？”

“它就不能只看证券吗！”实习生哼了一声，“打听这个，打听那个，烦不烦呀！”

雷肖先生幸灾乐祸地笑了。

“它对你说了什么坏话吗？”他假装严肃地问。

“说了。”

“它说什么啦？跟我说说呗。”

“说你头发太丑！”实习生说。

雷肖先生的脸瞬间阴了下来。他想把评级锁在笼子里，又怕落人口舌，说他太记仇……要不把它绕在线轴上，当安全绳用吧！

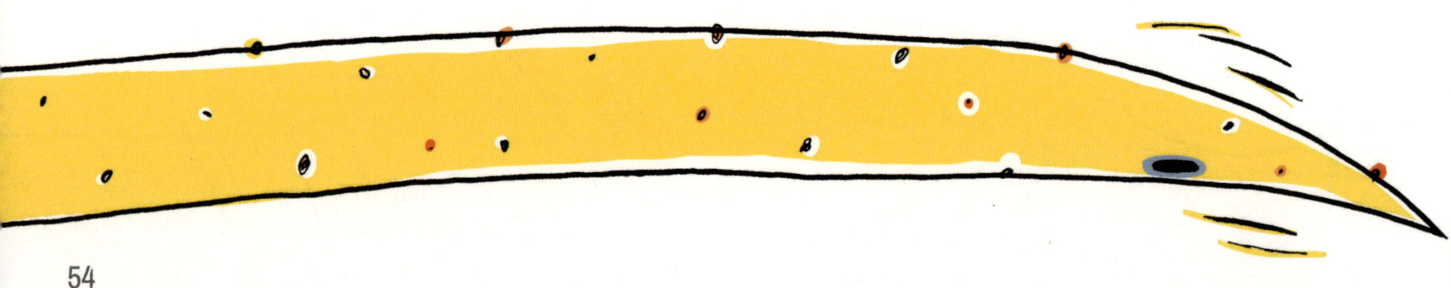

评级 类似于学校给学生的评语。老师们总是很喜欢那些成绩好的学生。好学生走到哪里，好评语就跟到哪里！而成绩差的学生就没这么幸运了——评语不会太好。说回评级啊，评级较高（很高的声誉）的国家或公司，一般可以在世界各地以较低的利息轻松借到钱。而评级较低的就没有这个待遇了。评级就像学校给的评语一样，需要经营很长时间才能获得！

园子边上有个很大的深坑，门卫站在坑边，面无表情地把小推车里的东西一股脑儿倒了进去。售票员也站在边上，擦了擦额头上的汗。他俩在仓库和深坑之间来回跑了一个多小时，已经喘得上气不接下气了。两个人轮流推着小推车，一趟趟地从仓库运来食物，一车接一车地往坑里倒，但食物好像都在坑底消失了。雷肖先生有时会从仓库里跑出来，弯腰往坑里瞅瞅，然后冲另外两个人喊："还得再倒！"

"这底下有什么呀？"售票员问道，小心翼翼地走到边上。

"猜不到，"门卫小声说，"不过肯定是个很馋的家伙。"

为了证明这一点，他把一袋秘制饲料扔进了坑里。然后先是从坑底传来一声巨响，接着是一声满意的嗝，最后又开始呜呜叫，好像又饿了。售票员见状皱起了眉头。

过了一会儿，雷肖先生慢悠悠地走了过来。

"咱们最好离远点儿吧，"门卫提议，"它这也太馋了。"

于是售票员后退了两步，可不小心绊倒了雷肖先生。没等他们反应过来，老板已经头朝下，掉进了坑里。

这下可好，门卫大惊失色，售票员也吓得捂住了嘴。

不过坑里的东西嫌弃地把雷肖先生吐了出来……

“你还好吗？”门卫跑上前问道，然后扶着他站了起来。他那宝贝头发已经塌了——以前都是张牙舞爪地支棱起来的，而现在就像一条湿透的拖把。

“不怎么好，”雷肖先生说道，“还好它吃过东西了……”

“底下到底是个什么呀？”售票员颤抖着问。

“也没那么吓人啦！”雷肖先生笑着说，“只是账户而已，不危险。但它就是喜欢吃得饱饱的。”

他站起来，脱下了衣服，掏出兜里的镜子，然后……长叹了一口气。

账户 我们在银行里存放钱的地方。每个账户都有自己的号码——一般由十几位数字组成。一个人可以拥有很多账户，甚至十几个都行，然后可以把资金从一个账户转到另一个账户。我们可以把钱存在账户上，也可以兑换成美元、欧元或任何其他的货币，然后开设相应的货币账户。人们以前都把钱放在家里，但这很危险。小偷会偷走存款，有时还会伤害房主。银行是一个更安全的存钱之处。

您得买票！

售票员从售票处的窗口看到雷肖先生经过后火速跑了出去，他丝毫不掩饰自己的疑惑。

“出了一件怪事……”

“怎么了？”

“有个东西来了……”他嘟囔道，“看起来什么都不像……但我寻思，管它呢，我们什么怪东西没见过……”

“说重点哪，说重点！”雷肖先生急了。

“就是有个家伙来买票……”售票员说，“我问买多少啊，那家伙说全要。我想着也挺好，然后就都卖给那家伙了。但我突然想起来，我表弟让我帮着买张票，所以我就问那家伙能不能再卖给我一张。然后那家伙说‘给你吧’。”

“然后呢？”雷肖先生有种不祥的预感。

“然后我就把钱递过去了嘛，”售票员说，“结果那家伙咯咯笑了，说：‘不够！我要两倍的钱！’”

“是投机啊！”雷肖先生跳了起来，“真是的，又让它给跑了，我就知道栅栏太低了！”

于是雷肖先生赶紧跑去找套索，留售票员愣在了原地。

投机 有点儿像打赌比赛谁会赢。大家可以想一下，刚开春的时候，有个人买了很多把便宜的躺椅，或者干脆买下所有的躺椅，然后打赌它们的价格会涨得非常非常非常高！这样就有可能卖个高价钱，这就是投机。在过去，投机可是被禁止的哟！

雷肖先生、门卫、售票员和实习生都在树下，看着树顶上的什么东西。

“你现在上去拿吧！”雷肖先生暴躁地说。

“但我有恐高症……”实习生委屈地哭了。

“那找个同事帮你呗！”

“我不行，我太重了。”门卫火速拒绝。

“我有恐树症。”售票员咕哝道。

雷肖先生疑惑地看着他，很是无语。

“根本没有这种病。”雷肖先生说。

“没有吗?！”售票员气呼呼地说，“那你看着！”然后他走到树旁，不情愿地摸了摸树皮，然后……“呕！”他恶心得浑身发抖。

雷肖先生咬着嘴唇，看了看抹着眼泪的女孩，然后默默脱下了外衣，撸起衬衫袖子。

“对不起，”实习生哽咽道，“我本来只是想让它在草坪上跑跑，没承想它爬到树上去了。”

“拍卖就是这样啊，”雷肖先生解释道，“它潜意识里总想打破销售纪录，认为价钱越高越好。行吧，我上了！”他梳好头发，走到树底下，然后感觉……自己好像也有恐树症了！

拍卖 一种销售活动，其间会有许多人想要购买同一件产品。谁付的钱最多，东西就归谁。拍卖会上不仅能卖艺术品，还能卖房子、卖马。一般情况下，拍卖师会宣布起拍价，然后高喊：“有愿意出更高价的吗？”有人会说：“我出1 000元！”有人会说：“我出2 000元！”然后又有人会说：“5 000元！”当没有人出更高价的时候，拍卖师会再次发问：“还有更高的吗？”也许突然会有人说：“5 100元！”如果没有更高的出价，在拍卖师重复三次价格后，拍卖就结束了，买家也就可以骄傲地拿走拍卖品啦。

“嗨，”雷肖先生蹲在灌木丛后面做着手势，小声招呼实习生，“你想看看物物交换是怎么生出来的吗？”他低声问。

“在这儿吗，园子里？好呀好呀！”她兴奋地低声说，蹲在了雷肖先生身边。

但没有什么可激动的。灌木丛前面站着门卫和售票员，两人正严肃地交谈着。实习生看着雷肖先生。

“你能听到他们在说什么吗？”雷肖先生默默地问。

实习生使劲竖起耳朵，听到了只言片语：

“你今天能替我卖一会儿票吗？我得去看医生……”售票员抛出了一个问题。

“那你帮我扫一下路面好吗？我后背抽筋了……”门卫也抛出了一个问题。

“没有问题。”

“好的。”

“趁现在！”雷肖先生喊道，从灌木丛中跳了出来。

还没等门卫和售票员反应过来，他就冲了过来，抓住了一个小小的东西……

“物物交换！”他高兴地喊道，“恭喜你们啊，这小家伙真可爱！”

门卫和售票员一脸震惊，看着雷肖先生抱着那只小崽崽冲向了办公室。

物物交换 用某物交换某物。很久很久以前，当钱还没有出现的时候，人们就会用这种方式进行交易，比如用20升牛奶换一只鸭子，两只兔子换一袋土豆，或者一匹马换一张桌子，这就是物物交换——以物易物，很不方便。如果你想送给朋友一个蓝莓派，手里却只有个用了一半的笔记本，那该去找谁换呢？很难，对吧。不过自从有了货币，交易就变得容易多了。然而，物物交换仍然存在。公司与公司或人与人之间可以交换服务。你们没准也这样干过呢。比如“我看着妹妹，你去给我带个冰激凌回来”，或者“我教你打乒乓球，你教我学数学”。

会不会太瘦了啊？

“啧，会不会太瘦了啊？”实习生啧了一声，上下打量着前面的几张“卡”。

它们一个挨一个地站在舞台上，准备彩排舞蹈，迎接晚上的第一场公演。

“太瘦？”雷肖先生惊讶地说，“没有吧，怎么了？”

“薄得跟纸片似的。”实习生说。

“那太夸张了，”雷肖先生捋了捋头发，“我觉得它们站在一起挺好看的。”

实习生耸了耸肩，莫名有点儿火大。

“我可没法想象没有它们的生活，”雷肖先生说，“它们让一切都变得容易多了。”

“尤其是金的那几个。”实习生阴阳怪气地说，并用手指了指。

雷肖先生朝实习生指的方向看了看。只见他两眼放光，头发翘了起来，嘴角也不由自主地上扬。但开心了没一会儿，他的眼里就没光了，变得垂头丧气的。

“好看是好看，”他说道，“但它们也确实会带来麻烦……”

实习生酸溜溜地笑了，她看了金卡们最后一眼，然后转身走了出去。

支付卡　它们是塑料卡，可以用于付款，比如商店里、出租车上，很多地方都能用。支付卡可以替代纸币和硬币。它知道我们在银行存了多少钱（储蓄卡），也知道我们能从银行借多少钱（信用卡）。好在卡的主人可以自己设定密码，所以相对来说，支付卡是很安全的——强调相对，是因为小偷们很狡猾，而且天天琢磨怎么偷东西。除了卡之外，还能用什么付款呢？你可能看到过，有的人会用手机或手表付款。对于小额金额，甚至可以免密支付。我们只需要用卡碰刷下读卡器，就可以付钱了。输入密码也可以用指纹代替，非常方便！

捉迷藏

表演的准备工作正如火如荼地进行着，一切稳中向好，但雷肖先生还在思考怎么让马戏之夜变得更吸引人。

“咱们可以好好想想幕间怎么用。”他一边说，一边若有所思地在办公室里走来走去。

“幕间也是一种动物吗？”售票员眨了眨眼。

“幕间就是休息，”他旁边的实习生低声说道，“剧场里，歌剧院里，马戏团里……”不过雷肖先生没有理他们。

“休息的时候要怎么招待观众呢？”他自言自语，“有的人可能会留在观众席聊聊天，但其他人呢？”

“都去厕所了呗。”门卫说。

“多新鲜哪！”雷肖先生生气地说，“你可真会想！”

“他们也可能想吃点儿东西，”售票员灵机一动，“咱们可以趁机卖点儿棒棒糖什么的。”

“或者让他们散散步，”实习生建议，“可以让他们进园子看看。”

雷肖先生觉得这主意不错，但他还是不满意。

“那孩子们呢？”他问，“孩子们会干什么呢？”

“肯定要去厕所呗。”门卫又重复道。

“你总想着厕所干吗呀？”雷肖先生喊道。

“那咱们跟他们玩捉迷藏吧！”眼看他们快吵起来了，实习生急忙说道。

“咱们？”售票员指了指自己。

“那就我和存款带孩子们玩吧，”她解释道，“它很喜欢藏着……”

雷肖先生满意地冲她点了点头，门卫也附和着点了点头。

“好主意，”他说，“那就辛苦你和存款陪孩子们玩玩吧，其他人可以休息一下，或者……我也不知道……”他糊涂了，“但我们肯定也有地方去的。”

“去哪儿呢？”售票员不经意地问。

“可以……去厕所啊。”

存款 如果我们的储蓄罐里有500元，而父母让我们把这500元放到银行（妈妈或爸爸的账户上），那么专业的说法就是："我在银行里存了500元。"如果选择定期存款，那么要事先确定好存期，存的时间越长，赚的钱就越多。存款时间越长，利息就越高。比如，一年后取出来，银行（爸爸或妈妈账户所在的银行）会支付你515元。如果两年之后取，就会更多。要注意！如果我们定期存款的存期是一年，那这一年内最好不要把钱从银行取出来，因为取了收益就变少了。

晚上好，长官！

雷肖先生换上了主持人的衣服，满意地照着镜子，打理好了头发，然后……然后脸色变得苍白起来。因为他突然想到，今天晚上会是决定性的时刻！第一次演出不成功就会毁掉整个动物园的前途！

他看向了窗外。

夜幕已经降临。彩灯照亮了马戏团的帐篷。零星有几个人在外面闲逛……雷肖先生不安地看了看手表。按理外面应该人挤人了呀！

“难道是……”他低声对自己说，“失败了吗？还没开始就失败啦？”

雷肖先生的视线被挡住了，没法看到大门，于是他焦虑地走了出去，然后朝售票处跑去。然而，售票处前面好像一个人都没有。他失望地又跑近了几步，预感会看到售票员无奈的表情。但他突然注意到一个牌子，上面写着：“票已售罄。”而且售票处里空空如也。雷肖先生很纳闷，转过身去。如果所有的票都卖光了，那观众们去哪儿了呢？

他屏住呼吸，专心地听着周围的声音。

他突然想到了一件事！

“快点儿！”他边喊边跑向站在帐篷旁的实习生，“拿网子来！”

“什么网子？”实习生叫道。

“最结实的那个！还有门卫在……”

“这儿呢。”门卫答应着，从阴影里走了出来。他穿着大力士的戏服，试图看清走过来的朋友们，一想到自己不得不身穿黑色紧身裤、光着膀子，还贴着亮片出现在他们面前，他就浑身难受——但责任感还是占了上风。如果雷肖先生需要帮助，

那么他，门卫，使命必达！

“走！”雷肖先生一声令下，三人一齐出发了。

他们轻轻走向大门。栅栏后面排着长队。队尾消失在了夜色中，但雷肖先生对排头更感兴趣。果然，一个奇怪的家伙堵在了园区的入口，仔细检查着所有人的手提包、挎包、背包，甚至衣兜、裤兜……有的人吵了起来，有的人准备回家。人们在这儿僵持很久了，门卫气得低声咒骂，雷肖先生把手指放在嘴唇上，然后一言不发地撑开了网。

没到一分钟，关税就被抓住了。接受了道歉的观众们陆续落座，雷肖先生则去训了实习生一顿。

“我又没有三头六臂呀！”女孩泪眼汪汪，“我又要表演，又要照顾观众，又要检票、卖糖、打扫卫生，还要追关税吗?！”

“你应该把它捆起来啊，”雷肖先生说，“它年轻，不懂事……”

“捆起来？”

“你不可能改变它的天性啊，”雷肖先生不想再吵了，“关税就是喜欢收通行费，没别的！所以就得一直捆着它，明天就开始捆。”

说完，雷肖先生向帐篷走去，他知道，激动人心的一夜才刚刚开始。

关税 对进出口货物征收的一种税。如果我们从其他国家进口一些商品（例如食品），我们就得支付额外的费用。为什么呢？这是为了保护我们的生产商，使国内制造的产品比外国制造的更划算。也许其他国家有更便宜的产品，但加上运费和关税之后，可能和国内的同类产品价格差不多。尽管有关税，我们还是需要进口一些在国内买不到的东西。

大力王中王

门卫站在更衣室的镜子前，绝望地看着自己。他真的要穿成这样给人看吗？腿上穿着黑色紧身裤，大肚子上勒着金腰带，身上贴着亮片，还粘了假的西班牙胡子。最离谱的是，还得化装！

“哎哟，我不想……”他哀号道，抓着自己的头，“我何苦要搞这些破玩意啊？”

但现在想退出已经来不及了。

雷肖先生作为主持人走上马戏台，介绍接下来的看点——大力王中王！

“大家即将看到，”他对欢呼的观众喊道，“世界上最强壮的大力士！他无论如何都不会被压垮！世界上绝无仅有的肌肉男！祖祖辈辈都是大力士。他的曾祖父母打趴过恐龙，他的祖父母与猛犸象打排球，他的父亲像玩乒乓球一样玩河马……女士们、先生们，让我们欢迎大名鼎鼎的——唐·穆斯库勒斯！”

可怜的门卫被观众们的吼声惊呆了，他从更衣室里出来，跑到了幕布后面，然后犹豫地走上了台……聚光灯太闪，他本能地眯起了眼睛，整个人看上去挺惨的。

“力量超群，又很谦虚啊！”雷肖先生喊着，跑向门卫，把他拖到了舞台中央，“来，我们掌声欢迎！”

掌声总有停下来的时候，这次也一样。门卫叹了口气，紧张地擦了擦额头上的汗，然后环顾四周——好在观众中没有看到熟人。

“首先，”雷肖先生喊道，“热热身……一笔小额消费信贷！”

“这还小啊……”门卫看着向舞台走来的大块头，惆怅地嘟囔着。

他从肚子下面抓住小额消费信贷，吸了一口气，用尽全身的力气……在观众的欢呼声中，他举起了这个大块头。

“漂亮！”雷肖先生喊道，“好样的！如果再加上其他信贷，我们的唐·穆斯库勒斯壮士还能这么轻松地举起来吗？”

几只壮硕的小肥猪从幕布后面走了出来，但门卫的表现相当好，他甚至能够举起极重的抵押贷款。只有它们一起坐在他肩膀上的时候，他才放弃了。即便如此，观众还是站了起来为他鼓掌喝彩。

售票员在幕布后面等他，脸上写满了尊敬和爱戴。

“没想到你这么强壮啊！”他跑了上来。

“这么多年，练都练出来了，”门卫谦虚地低下头，“车贷、房贷……都加在我头上了。”

然后他走进了更衣室，站在镜子前。“确实，不愧是我，大力王中王！”

信贷 一般指银行的贷款。文件中会写明贷款金额、贷款时间、何时以及如何偿还。比较重大的开支才会用到银行贷款，比如买车、装修、假日旅行或报名外语课。因为有了信用，所以存款不够也能买东西。比如一套公寓。但是必须在很长一段时间内努力归还借款，再加上利息，有时还的比借的还多呢……

请安静！

观众都屏住了呼吸。舞台中央站着一个年轻女子，衣服上的亮片闪闪发光，浓妆盖住了她的五官，但门卫和售票员非常清楚，这个可爱的小姑娘正是实习生。他们紧张地咬着嘴唇，透过幕布的缝隙观看演出。

“小姑娘真漂亮啊！”门卫说。

“嘘……”敏感的售票员让他严肃点儿。

与此同时，雷肖先生正扮作主持人在舞台上走来走去。

“这就是债务！”他叫道，小心地绕开在沙石上扭来扭去的奇怪动物，“它又大又有劲，非常危险！但如果我们知道如何驯服它，它就会像小羊羔一样温顺！”

实习生勉强笑了笑。她把这条长长的怪东西绕在脖子上，就好像围上一条普通的围巾，然后给了雷肖先生一个“我很好”的表情。债务从头到脚包裹着她。观众们纷纷低声赞叹。

“现在请大家安静，”雷肖先生做了个手势让观众安静下来，“哪怕一个响动，都可能使这只咝咝叫的家伙压垮我们勇敢的驯兽师！”

售票员闭上了眼睛，门卫也一样。

“漂亮！”耳边传来雷肖先生的喊声，“对待债务，就应该这么办！”

他们立刻睁开了眼睛，而债务早已被制服了。实习生得意扬扬地踩着债务，雷肖先生则在舞台上绕场欢呼。观众们都疯了一样为表演喝彩。

“我真是受不了这种紧张的气氛，”门卫坦白道，“借我点儿钱……”

“你也想表演个制服债务啊？”售票员很惊讶，把手伸进了口袋，“像实习生这样？”

“非要去的话，就拿个小的，”门卫嘀咕道，“也不知道她给它喂了什么，长得又粗又壮……”

债务 就是欠别人的钱，有时甚至欠好几个人钱。假如一个孩子向10个同学分别借了5元，现在必须把钱还给所有的同学，总共就要还50元！这就是债务。债务一般是有利息的，比如借了5元，可能就得还5.50元。不仅个人，其实公司，甚至国家都可能陷入债务危机。只要能还上就没事，但如果债务增多，却没办法偿还，那就难办了。所以比起借钱，还是存钱更靠谱！

幕间的时候，观众不能在园子里随意走动——有的动物会害怕，而且天一黑，动物们就很敏感。雷肖先生决定，只允许观众接近马戏团帐篷附近的围栏和笼子。

“看这里，观众朋友们，这里有个好玩的！”他叫了一声，后面的人们有说有笑，“看看这两个动物！”

观众们应声看向笼子里的那对奇怪动物，瞪大了眼睛。

“看起来一模一样，对吧？”雷肖先生问道，“有人看出区别了吗？”

“唑……”观众们摇了摇头，然后摊开了双手。

“看不出来吧！”雷肖先生得意地说，“危险就隐藏在这里！因为表面上看，我们根本注意不到，这是两个完全不同的动物。左边这个是银行。”

银行摇了摇尾巴。

“右边的是影子银行。”

影子银行也摇了摇尾巴。

“那您是怎么认出来的？”一位观众惊讶地问。

“左边这个训练有素，”雷肖先生解释道，“而右边这个，最好别摸它！”雷肖先生做了个手势，提醒正要把手伸进笼子的观众。

“为什么呀？”那位观众愣在原地。

“它会咬你的。”雷肖先生一边回答，一边看向这对动物，“我说得对吗？”

银行又摇了摇尾巴。

而影子银行露出了锋利的牙。

银行 一种金融机构，帮一部分人保管钱财，再把钱借给另一部分人。这两部分人一般互不相识，而且因为存钱的人很多，所以不必担心银行突然缺钱。银行的职责之一就是看管好我们的钱，甚至让钱生钱！如果我们给了银行 500 元，银行就会向我们保证，一年后还给我们 515 元（年利率为 3%）。这是怎么做到的呢？这15 元可以算是给我们的奖励，因为这一年，银行一直拿着我们的钱，还可以借给别人。没错，我们的 500 元被银行作为贷款借给了别人，银行也会收取贷款利息，比如 20 元。所以借款人必须在一年之后归还 520 元。我们得到 515 元，银行留下 5 元，皆大欢喜。

影子银行　具备金融中介功能的一种机构或业务。它不受传统商业银行监管体系的约束，经常拿着比传统银行更高的利率诱惑我们，比如："给我500元，一年后我就还给你550元！"这比传统银行给得多多了。但影子银行在追求高收益的同时，很可能会引发系统性的金融风险。

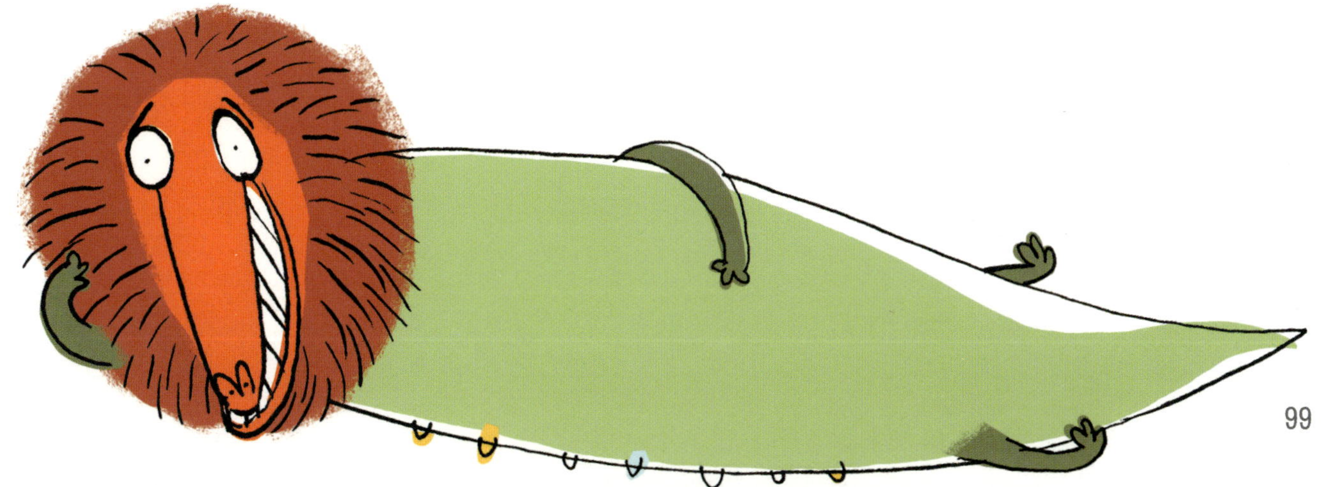

“他们也太厉害了。”雷肖先生透过帘子的缝隙偷偷感叹。门卫、售票员和实习生都点了点头。他们看了看马戏台，又看了看被逗乐的观众们。这毕竟是观众们自己的提议，每个人都毫不掩饰地开怀大笑着。

“正经的马戏团，怎么能少了小丑嘛！”门卫点头如捣蒜。

“但谁能想到基金这么好玩呀。”雷肖先生佩服地摇了摇头。

“你也知道，”售票员说，“如果满脑子都是未来可能的收益，有时真的很难看到边上的……”

然而售票员的话被淹没在了新一轮的笑声中，他到底想说什么也不得而知了。

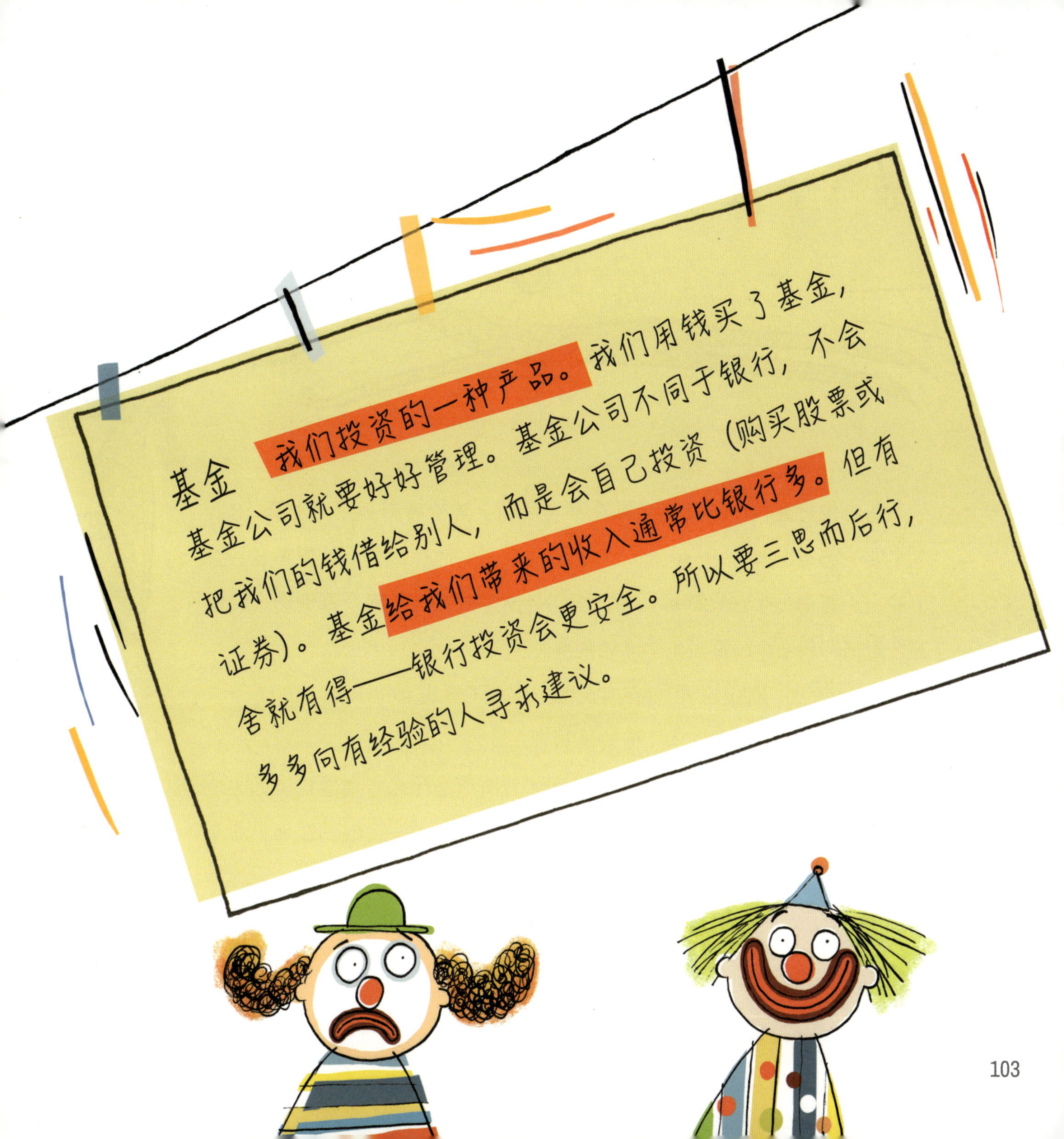
基金
我们投资的一种产品。我们用钱买了基金，
基金公司就要好好管理。基金公司不同于银行，不会
把我们的钱借给别人，而是会自己投资（购买股票或
证券）。基金给我们带来的收入通常比银行多。但有
舍就有得——银行投资会更安全。所以要三思而后行，
多多向有经验的人寻求建议。

抓怪人！

演出接近尾声。雷肖先生站在幕布后面，等待着舞蹈结束的那一刻，大家要一起走上舞台——但他的心已经回家了。他想休息，他想睡觉。整个晚上，雷肖先生一直精神紧绷，担心会出差错，担心观众喝倒彩。而现在，表演即将结束，雷肖先生已经累得快没气了。

“一切顺利，都挺好。”他自言自语，擦去了额头上的汗水。

然后只听身后传来一声短促的惨叫！

他立刻转过身去，但花了很长时间才看清那是什么。离他几步远的地方，两个人扭打在了一起。售票员想要抓住某个怪人——他们在地上滚来滚去，打得尘土满天、汗流浃背。

“出什么事了?！”雷肖先生一边喊，一边跑去帮着售票员摁住这个奇怪的家伙。

“这家伙不请自来……”售票员说，“非要宣布一件事，可咱们根本就没这个计划。”

雷肖先生拍掉怪人脸上的灰尘，这才认出来是谁。

“破产！”他惊恐地喊道，“它可最喜欢宣布自己了！如果没有你，咱们一切都完了！”

“真的吗？”售票员骄傲地红了脸。

“真的。”雷肖先生擦了擦额头上的汗，“我真是不知道该怎么感谢你……”

“怎么还谢上了？”售票员腼腆地说，“涨工资就行！”

破产 一家公司没钱继续经营了。一般借贷太多、花费太多、投资成本太高的时候，就可能破产。如果人们不再购买某家公司的产品了（因为出现了更吸引人的产品！），或者产品的价格低于生产成本了，这家公司也可能破产。不仅公司会破产，国家也会破产。比如，在1981年，波兰就破产了！但幸运的是，一个国家的破产并不意味着结束。1989年之后，波兰就逐渐摆脱了债务。

自作聪明的记者

办公室里死气沉沉的。雷肖先生默默地浏览着一份又一份报纸，但只看到一篇短文提了他们昨天的演出，还没怎么夸他们。实习生站在旁边，委屈得眼泪汪汪。

“你们太夸张了！”门卫说道，满意地看着他自己的照片，“最重要的是，我们的故事都被写下来了呀。”

“可照片上只有你啊！”售票员大声抱怨。

“再说了，你瞅瞅他们都写了什么！”雷肖先生把报纸扔进了垃圾箱，“业余！”

“这太欺负人了……”实习生抽了抽鼻子。

“呃……”门卫站起来，把报纸从垃圾箱里拿出来，放进了口袋里，“就这个自

作聪明的记者不喜欢，其他人可是都起立鼓掌了。”

有一说一，表演是在雷鸣般的掌声中结束的，甚至把园子里其他的动物们都吵醒了，需要人安抚才能继续睡去。

“只是，”雷肖先生苦涩地咕哝道，“读到这篇报道的人，比昨天来的观众多多了。”

四个人沉默了。

“不过，”售票员眨了眨眼，“这记者提到的动物是哪个？”

“赤字。”雷肖先生叹了口气，然后看了看门卫口袋里的报纸，“能再给我看一眼吗？”

他翻了翻，找到那一页，哼了一声，开始读起来：

“昨天的表演肯定会形成马戏团赤字。真是太令人难忘了，这都是因为园区和马戏团管理员们莫名其妙的决定。为什么要向观众展示这些动物，而不展示其他的？当铺、招标、批发、零售不配吗？为什么我们不能看看担保人、子账户、汇票、存款和通货膨胀呢？这次表演混乱不堪、构思拙劣，唯一的‘主角’竟是管理层没能请来的动物——赤字。我们只能希望，马戏团的下一场演出会给我们展示最重要的动物们，而不只是导演先生最喜欢的那几个。”雷肖先生读完后，铁青着脸扔下了报纸。

“他怎么能这样！”实习生强忍着泪水喊道。

雷肖先生刚想说点儿什么，就在这时，有人敲响了门。

“很抱歉打扰了……”一个模糊的身影蹭了进来，手里攥着一样的报纸，“我看到你们缺……我正在找工作呢……我就是赤字。”

四个人齐齐地看向了赤字。然后雷肖先生跳了起来，捋顺了头发，上前一把抱住了这个新明星，并指示要在晚上的演出前抓紧彩排。

赤字 在经济学中，赤字就是缺的钱。假如我们想买一个新的球来玩，需要40元，但是我们只有30元，那就是缺少10元——这就是赤字。而缺少的这10元，我们得去找别人借。许多公司或国家都有赤字——因为花的比赚的多。他们有时也会找其他公司或国家借钱。这种负债可能很危险，所以要尽量避免。不过对理智、谨慎又耐心的人来说，这算不了什么。

拜拜，拜拜！

格雷格什·卡斯戴普开

一个不需要打广告的作者。只要有他在，出版社就不愁没好书出，读者也不愁没有好故事看。作者小时候，所有的零用钱都用来买了漫画书和小说，有时还会欠银行的钱——有一次差点儿让银行破产。他是一名天生的作家，出版了近 50 本书，大部分都是畅销书（就是卖得很火的书！）。他写过侦探小说、浪漫小说、科幻小说，还有恐怖小说，但他写得最多的还是搞笑故事。他获奖无数，曾与理查德 · 派特鲁合作过一本关于经济学的书，而为了解释什么是经济衰退、余额和利润，他决定再写一本。

理查德·派特鲁

与格雷格什·卡斯戴普开同龄，这是他们合作的第二本书。理查德上学的时候，对一切未知的东西都很感兴趣：做了很多计算，问了很多问题，也制订了很多计划。后来他成为一名经济学家，曾在银行、财政部和咨询公司工作。现在，他每天都和钱打交道，帮助各种公司和政府做投资计划，应对不同的经济情况。在空闲时间，他会琢磨各种各样的经济问题，也努力找寻答案。他不仅找到了答案，还能为大人和孩子们解释，比如：什么是利润和亏损，二者有什么区别；什么是抵押贷款。

丹尼尔·德·拉图尔

书本、杂志，任何可以画画的地方，他都要拿来画。他起步很早，大概上幼儿园的时候就开始画了。他曾为喜欢的书中英雄补画军刀和火枪，原来的插画师肯定忘了画了(毕竟有军刀和火枪的英雄比没有的英雄帅多了)。然后他开始在更大的白纸上作画：海战和空战，充满鳄鱼的河流，火山的横截面，有关宇航员、海龟、吸血鬼、奶酪和牙齿（是的！）的漫画。可没想到自己长大了，却没有别的出路，只能继续画画。从那时起，他创作了相当多不同的肖像画：十几条龙，三十几个小矮人，一百多个幼儿园的孩子和五十个小学生，几只大象，满地的鳄鱼，四五个国王和一个王子，十几个指挥家和火车司机，马卢斯凯维奇先生，佐西亚·萨莫西娅，以及无数的小号手、蜘蛛、宇航员、炮手、小猫、苍蝇、骑士、犀牛、发明家、章鱼、教师和恐龙。但他以前从未有机会画赤字和信贷！